www.tredition.de

AF197061

Meinhard Meyer

Wir haben längst nicht alles im Griff

Wi hebben 't lang neet all in 't Greep

www.tredition.de

Layout, Cover: Dr. Matthias Feldbaum

Verlag und Druck:
tredition GmbH, Halenreie 40–44, 22359 Hamburg

ISBN: 978-3-347-70263-9

Bibliografische Information der Deutschen Nationalbibliothek: Die Deutsche Nationalbibliothek verzeichnet diese Publikation in der Deutschen Nationalbibliografie; detaillierte bibliografische Daten sind im Internet über http://dnb.d-nb.de abrufbar.

Für meine Mutter –
in memoriam

För mien Moder –
hör to 'n Gedenken

Vorwort

Die ostfriesische Sprache wurde stark geprägt durch das bäuerliche Leben der letzten Jahrhunderte. Sie wird jedoch heute nur noch von wenigen älteren Menschen als „Muttersprache" gesprochen, in der sie ihre Anekdoten („Döntjes") aus der Vergangenheit so amüsant wie liebevoll wiedergeben. Sie ist eine kraftvolle und bildhafte Sprache, sie ist einfach und stets pragmatisch auf den Alltag gerichtet, sie hat die Mentalität der Menschen geprägt und sie kommt nie abgehoben oder hochgelehrt daher. Trotzdem möchte ich hier versuchen, aus meiner Sicht in meiner ostfriesisch-plattdeutschen Sprache die heutige, sich stark verändernde Welt mit ihren Unwägbarkeiten und Abhängigkeiten darzustellen und zu erklären versuchen, warum wir sie noch lange nicht im Griff haben. Es ist eine Welt zwischen hoher Globalisierung der Wirtschaft einerseits aber mit dem Verbleiben der Menschen in Nationalstaaten andererseits. Es ist eine Welt in der Euphorie der Digitalisierung, der Automation, der „künstlichen Intelligenz (KI)" sowie der „sozialen Medien" einerseits und der globalen, existenziellen Bedrohung durch die Umweltzerstörung und den Klimawandel andererseits. Es ist eine stark verunsicherte Welt, in der sich Völker in autokratischen und demokratischen Systemen aneinander reiben: so wie ich im Sommer 2022 die Welt in den Wirren, Unsicherheiten und Ängsten der Corona-Pandemie und nach dem Beginn des Überfalls auf die Ukraine gesehen habe. Und wer mag ahnen, wie die Welt danach Frieden finden wird oder wie wir durch die nächsten Winter kommen werden? Wir haben längst nicht alles im Griff. Mit dem hochdeutschen Text auf den jeweils gegenüberliegenden Seiten sollen meine Ausführungen auch einer breiteren und jüngeren Leserschaft zugänglich gemacht werden und zur Diskussion anregen.

Inhalt – Wat d'rin steiht

Unsicheres Leben in alten Zeiten

Ich habe meiner verstorbenen Mutter versprochen, nach fünfzehn Jahren ihr den Zustand der Welt ihrer Kinder und Enkel aus meiner Sicht in unserer Muttersprache auf ostfriesisch Plattdeutsch zu erzählen und zu erklären. Und ich erzähle es gerad so, als wäre sie jetzt bei mir zu Besuch:

Als ich vor vielen Jahren durch unser Dorf in Ostfriesland ging, da kam ich an zwei älteren Leuten vorbei, die auf einer Bank saßen. Ich hörte im Vorbeigehen noch die Worte ihres Gespräches: „Daran kannst Du sehen, dass wir noch längst nicht alles im Griff haben. Wer weiß, wohin das noch führt und was noch auf uns zukommt? Wir wissen es nicht". Der Andere beendete das Gespräch, indem er sagte: „Wer weiß, wofür das alles gut ist". Diese letzten Worte ihrer Erzählung habe ich behalten und oft darüber nachgedacht, was das alles hätte bedeuten können.

Nein, wir haben vieles nicht im Griff. Das läuft in unserem Leben nicht alles schön geradeaus. Du musst auch um viele Ecken und einige Winkel herum, wo du noch nicht erwarten kannst, was auf dich zukommt. Manchmal stolperst du gar, stehst wieder auf und gehst weiter – allein oder besser gemeinsam mit anderen. Und wenn der bewährte Weg gar nicht mehr weiterführt, dann musst du mit Mut und Hilfe einen neuen Weg finden und gehen. Da hast du dir vieles so schön durchdacht und doch läuft es nicht so, wie du es erwartet hast. Da hast du eine Hiobsgeduld aufgebracht und alles an Liebe gegeben, da hast du all deine Mühe, Pflicht und deinen Fleiß gegeben, hast all deine Karten gespielt und siehst, dass dir alles genommen wird. Da bist du durch deine eigene kleine Dummheit, Unkenntnis, Schwäche, Angeberei, Lüge oder Fehler in einen Strudel geraten,

Unseker Leven in oll Tieden

Ik hebb mien verstürven Moder beloovt na fievteihn Jahr hör de Tostand van de Wereld van hör Kinner un Grootkinner ut mien Sicht in uns Modertaal up oostfreesk Plattdütsk to vertellen un to verklaren. Un ik vertell dat nu all so, as wenn se bi mi up Visit weer:

As ik vör Jahren dör uns Loog in Oostfreesland gung, do kwamm ik vörbi an twee oller Lü, de up 'n Bank satten. Ik hörde in 't Vörbigahn noch de Woorden van hör Gespreck: „Daaran kannst Du dat sehn, wi hebben 't lang neet all in 't Greep. Well weet, waar dat noch all henlöppt un wat uns noch tomötkummt? Wi weten 't neet." De anner broch dat Gespreck to 'n Enn as he see: „Well weet waar 't all good för is." Disse lesde Woorden van hör Vertellen hebb ik in Kopp behollen un noch faken daarover nadocht, wat dat wall all haar bedüden kunnt.

Nee, wi hebben völs neet in 't Greep. Dat löppt in uns Leven neet all moi liekut. Du muttst ok um völ Hoken un um wat Hörns umto, waar du neet verwachten kannst, wat di tomötkummt. Hen un weer strumpelst du ok, steihst weer up un maakst dat du wieder kummst – alleen of beter tosamen mit annern. Un wenn de ollwennst Padd heel neet wieder geiht, dann muttst du mit Mood un Hülpe en neei Padd finnen un gahn. Daar hest du di völs so moi dördocht un doch löppt dat neet so as du daar mit rekent hest. Daar hest du en Hiobsgeduld upbrocht un all Leevde geven, daar hest all dien Meit, Plicht un Fliet doon, hest all dien Kaarten spölt un süchst, dat di dat all nomen word. Daar büst du dör dien egen lüttje Unverstand, Unkünn, Swackheid, Dickdoon, Lögen of Versehn in en Dwarrel gleden,

11

der immer gefährlicher wurde bis schlussendlich die Woge über dich zusammenschlug und dich nach unten riss. Auf der anderen Seite: wenn jemand all seine Chancen zur rechten Zeit erkennt und mit seinem Können wahrnimmt, dann ist er erfolgreich und wird mächtig und reich. Arg wird es dann, wenn er Anderen gar keine Chance gönnt und so Herr über die Anderen bleiben will. Aber woher kommen die Chancen? Wie entstehen aus zufälligen Ereignissen (selbst in Bedrohungen und Unglücken) neue Konstellationen, die Chancen für uns bergen? Und wie erkennen und ergreifen wir sie?

So wie jeder Mensch die Unwägbarkeiten für sich ständig bewerten und seine Chancen suchen und nutzen und mit all den Herausforderungen klarkommen muss, so sollten wir Menschen uns auch in unseren Gesellschaften und auch weltweit ständig nach Wegen der ehrlichen Verständigung suchen: wie wir vereint die weltweiten Unsicherheiten ausloten, die globalen Chancen nutzen und wie wir den Herausforderungen mutig entgegentreten. Schwierig genug, wenn jede Regierung nur ihre Einzelinteressen im Blick hat. Jede Veränderung und jede Zeit bringen uns neue Chancen, die wir wie neue Türen aufreißen und durch die wir mit der Zeit auch in weitere Räume vorstoßen. Und sie werden besonders dann zum großen Segen, wenn wir gemeinsam mit anderen Menschen uns aus den Chancen etwas Nützliches schaffen. Aber oft reißen die Chancen die großen Türen gar nicht so weit auf, oft reicht auch ein schmaler Spalt durch den das helle Licht in ein Dunkel, durch den ein einfallsreicher Gedanke in unseren Kopf oder durch den eine unerwartete Hoffnung in unsere Verzweiflung dringt. Selbst ein großer Schlag im Leben – wie eine schwere Krankheit – kann dir neue Einsichten bringen, die dir eine neue Chance eröffnen.

Was wir nicht so leicht im Griff halten, das ist unsere Gesundheit. Sicher, jeder einzelne kann viel für seine Gesundheit tun. Mit zunehmendem Alter heißt das: nicht so viel essen, mehr trinken und sich mehr bewegen. Sicher, das Können der Ärzte und die

de stüttig gefahrelker wurr, bent up 't Enn de Bulg over di tosamensloog un di nadaal reet. Up d' anner Sied: wenn een all sien Kansen to d' rechte Tied sücht un mit sien Könen wahrnimmt, dann hett he 't all best torechtkregen un word machtig un riek. Leep word dat dann, wenn he de annern gaar kien Kans günnt un so Baas over de annern blieven will. Man waarher komen de Kansen? Wo raken Tofallen (sogaar wenn wi in de Kniep of in groot Malör raken) to neeie Umstännen, de Kansen för uns bargen? Un wo worden wi de gewahr un wo kriegen wi de tofaat?

So as elke Minske sien Raakwark för sück ümmers taxeren mutt un sien Kansen söken un wahrnehmen un mit all de Herutföhrdern torecht komen mutt, so sullen wi Minsken uns ok in uns Gesellskuppen un ok wereldwied unnernanner ümmers ehrelk verstännigen: wo wi mitnanner de wereldwiede Unsekerheiden utpielen, de wereldwiede Kansen wahrnehmen un wo wi driest tegen all de Herutföhrdern angahn. Dat is stur genoog, wenn doch för elke Regeren dat Hemd nader is as de Rock. Elke Verannern un Tied brengen uns neei Kansen, de wi as neei Dören openrieten un dör de wi mit de Tied ok to neei Rümten rieken. Un se worden besünners dann to 'n groot Segen, wenn wi mit anner Minsken tosamen ut de Kansen wat van Nütt beetkriegen. Man faken rieten de Kansen de Grootdören neet so wied open, faken riekt ok 'n smaal Glieve, dör de gleen Lücht in en Düster, dör de en nüver Gedank in uns Kopp of dör de en unverwacht Hope in uns Vertwiefeln kummt. Ok en groot Pöter in dien Leven – so as 'n swaar Lieden – kann di neei Insichten stüren, de en neei Kans för di openmaken.

Wat wi neet so licht in 't Greep hollen, dat is uns Gesundheit. Seker, elk un een kann völ doon för sien Gesundheit. Up 't Oller heet dat: neet to völ eten, mehr drinken un sück mehr bewegen. Seker, de Künst van Dokters un de hör

Medizintechnik sind weit gediehen. Aber wenn dich ein großes Krebsgeschwür im Griff hat, dann siehst du, wie machtlos und klein du bist und wie deine Chancen schwinden und wie die Unsicherheit und die Angst dich überwältigen.

In einem Heimatmuseum in Ostfriesland steht eine hölzerne Kiste mit der Aussteuer für die Braut. Darin ist alles zu sehen, was eine jungverheiratete Frau damals bekam: Tischdecken aus Leinen, Bettzeug aus Baumwolle, Wollstrümpfe und Unterhemden aus gestrickter Wolle, ihre eigene Wäsche und Kleider, aber obenauf lag ihr Totenhemd. Gegen Seuchen und Krankheiten, gegen Unwetter und Wasserfluten, Missernten und Not hatten unsere Vorfahren noch keine Medikamente, keine Maschinen und keine Computer. Ich denke, dafür hatten viele Menschen in jenen unsicheren Zeiten ihren Glauben. Und dahinein legten sie mit Demut und Geduld, all das, was sie selbst nicht schaffen oder im Griff halten konnten. Zweifelsohne konnten sie Unsicherheiten gelassener als wir ertragen. Ich denke, der Glaube war ihr Fundament, auf dem sie stets wieder neu aufbauen konnten, was ihnen Ungemach genommen oder zerstört hatte. Der Glaube war auch die barmherzige Hand, die sie festhielt und die sie stützte in all den Unwägbarkeiten und wenn sie in tiefe Not gerieten.

Nach Jahrzehnten der weltweiten Stabilität und Sicherheit bei ständig gestiegenem Wohlstand und rasantem technischen Fortschritt rühmten wir uns zu sehr, nahezu alles im Griff zu haben. Aber anders als unsere Vorfahren haben wir – jeder für sich und wir als Gesellschaft – dadurch vielleicht auch verlernt, uns widerstandskräftig (resilient) und besser gewappnet und achtsam zu halten gegen neue lauernde Gefahren, gegen Unsicherheiten und andere Widrigkeiten. Letztere waren immer recht weit von uns entfernt. Aber mit der Corona-Pandemie und dem Ukraine-Krieg kamen uns diese zwei Gefahren schon sehr nahe.

Technik in Medizin geiht wied; man wenn en dicke Kanker di in 't Greep hett, dann süchst du, wo minnmachtig un lüttjet du büst un wo minn dien Kansen worden un wo de Unsekerheid un de Benautheid Baas over di worden.

In en Heimatmuseum in Oostfreesland daar steiht en holten Bruudkist mit Utstür. Daarin is 't alls to sehn, wat man so 'n jung traut Frauminsk dotieds mitkreeg: linnen Tafeldekens, kattunen Beddgood, wullen Hosen un breiden Bostrocken, hör egen Waske un Kleer, man bovenup lagg hör Dodenhemd. Tegen Sükden un Lieden, tegen Unweer, Waterlasten, Mißarnten un Elend harren uns Vörollen noch kien Medikament, kien Maschinen un kien Computer. Ik denk, daarför harren völ Lü in totieds Unsekerheiden hör Gloov. Un daarin leggden se mit Demood un Gedür all dat, wat se sülvst neet rieken of in 't Greep hollen kunnen. Bestimmt kunnen se Unsekerheiden in hör Leven bedarder uthollen as wi. Ik denk, de Gloov weer hör Grundmür, up de se stüttig weer neeis upbauen kunnen, wat Ungemack hör nomen of verneelt harr. De Gloov weer ok de barmhartig Hand, de hör fast hull un de hör Stön gaff in all hör Raakwark un wenn se deep in Elend rakden.

Na 'n paar Jahrteinten mit wereldwiede Sekerheid un Gestadigheid bi stüttig greiende Wohlstand un baldadig grote Wiederkomen in Technik priesden wi uns to groot, dat wi 't bolt alls in 't Greep harren. Aberst anners as uns Vörollen hebben wi – elk un een för sück un wi as Gesellskupp mitnanner – daardör villicht ok verlehrt, dat wi daper (resilient) un achtsaam blieven un tegen neeis lurende Gefahren, tegen Unsekerheiden un anner Tegenstöten angahn. De wassen alltied wied van uns weg. Man mit de Corona-Sükde un de Krieg in Ukraine sünd disse twee Gefahren al dicht up uns an komen.

Technik – eine Erleichterung

Seit Jahrtausenden hatten alle Menschen es sehr schwer. Sie mussten der unberechenbaren Natur so mühsam das Nötigste abringen und herausreißen, nur um satt zu werden. Die meisten Menschen konnten gar nicht so viel anlanden und in ihre Scheunen ziehen, dass sie für längere Zeit genug zu essen hatten. Und Hungerperioden konnten damals lange andauern. Wer einmal in seinem Leben Hunger gelitten hatte, der wollte danach nur noch eines: immer genug zu essen haben. Wer einmal abgestürzt war in tiefe Armut, der wusste, wie kalt, erdrückend und erniedrigend Armut war. Der Eine konnte mit Geld, Krediten und Banken umgehen und hatte auch Kenntnis und Glück, das Geld vernünftig zu investieren und seine Chancen wahrzunehmen und wurde reich. Der Andere hatte was gelernt und wurde damit erfolgreich. Viele Menschen blieben arm; sie konnten nur für sich selbst und für ihre Nächsten und vielleicht noch für die darauffolgenden Tage sorgen. Diese uralten Ängste und Sorgen leiten und beherrschen uns bis heute, obwohl es uns viel besser geht.

Kein Wunder, dass viele nur an sich selbst denken mussten um zu überleben. Schlussendlich hieß das, fressen, um nicht gefressen zu werden; wachsen, um nicht selber unterzugehen, „erst kommt das Fressen, dann die Moral" (nach B. Brecht). Darauf ist doch bis jetzt unser Wirtschaftswachstum und unser Wohlstand aufgebaut. Dass viele von uns immer mehr haben, sicherer leben und damit auch größer und mächtiger sein wollen als die Anderen, das ist tief in unserem Erbgut eingeschrieben. Was die Natur im Innersten zusammenhält, das haben wir Menschen mit der Zeit durch unsere Neugier, unsere Forschung und unsere Wissenschaft schnell und gut verstanden und das wurde zu unserer Erleichterung auch schnell in Technik umgesetzt.

Technik – en Verlichten

Siet dusenden van Jahren harren all de Minsken dat leep stuur. Se mußden de unberekenbare Natur so stuur dat Nödigste ofdwingen un rutrieten, dat se man satt wurren. De meeste Lü kunnen heel neet so völ an 't Wall un in hör Schüren trecken, dat se för langer Tied genoog to eten harren. Un smachterge Tieden kunnen dotieds lang düren. Well eenmaal Hunger in sien Leven leden harr, de wull daarna blot noch eens: alltied wat to eten hebben. Well eenmaal offstört was in deep Armood, de wuß, wo kolt, drückend un ofgrunderlk Armood was. De een kunn beter mit Geld, Krediten un Banken umgahn un haar ok Künn un Glück, ut dat Geld rechtschapen wat to maken un sien Kans wahrtonehmen un wurr riek. De anner harr wat lehrt un kreeg so de Bucht um Arm. Völ Minsken bleven arm; se kunnen blot noch för sück sülvst un för hör Naahsten un villicht noch bit hento de tokomende Dagen sörgen. Disse steenolde Benautheiden un Sörgen gahn mit uns un blieven bit hennto vandaag Baas over uns, ok wenn uns dat nu völ beter geiht.

Kien Wunner, dat völ blot an sück sülvst denken mußden um to overleven. Uplesd hesde dat, freten, umdat man neet upfreten wurr; greien, umdat man sülvst neet unnergunn, „eerst kummt dat Freten, dann de Moraal" (na B. Brecht). Daarup is doch bi uns bit nu de Grei van uns Wirtschaft un uns Wohlstand upbaut. Dat völ van uns alltied mehr hebben, mehr verbruken un so ok groter un machtiger wesen willen as de annern, dat is deep in uns Arvgood inschreven. Wat de Natur in 't Binnerste tosamenholt, dat hebben wi Minsken mit de Tied dör uns Neeisgier, uns Försken un Wetenskupp gau un good verstahn un dat kregen wi wi to uns Verlichten ok gau in Technik umsett.

Wir konnten die Schwerkraft der Erde überwinden und Menschen sicher zum Mond bringen. Aber was uns Menschen auf der Welt untereinander fester zusammenhält, wie wir uns besser aufeinander verlassen und vertrauen können, wie wir miteinander mehr Frieden wahren, wie wir – bei allen Unterschieden an Meinungen und Lebensweisen – uns in unseren Gesellschaften und auf der ganzen Welt besser einig werden und wie wir das Potenzial in den schwachen Menschen unter uns sehen und ihnen mehr Chancen gönnen, anstatt sie weiter an den Rand zu drängen, all das haben wir Menschen auch in Jahrtausenden nicht verstanden und bekamen uns und auch unser Zusammenleben nicht besser in den Griff. In dieser Hinsicht sind wir mehr Wolf geblieben und weniger zu besseren Menschen geworden.

Seit nun zweihundert Jahren verstehen wir die Natur durch unsere Forschung und Wissenschaft ständig besser und das haben wir zu unserem Nutzen in neue Maschinen, Werkzeuge und Computer umgesetzt. Wir haben unser Leben viel besser im Griff als früher und können besser vorausplanen und mehr kontrollieren. Wir können besser vorsorgen und werden nicht so verzweifelt und ängstlich, wenn die Natur nicht so will, wie wir meinen und wir verfallen schon längst nicht mehr dem Aberglauben. Wir haben sehr schnell gelernt, Ungewissheit mit Forschen und Wissen zu bekämpfen. Wir fürchten uns nicht mehr vor dem Gewitter; wir wissen, wie ein Blitzableiter auf dem Dach angebracht werden muss. Wir können den Lauf von all unseren Planeten und auch von den entfernten Sonnen exakt berechnen. Wir können fünf Tage im Voraus sicher vor Unwetter und Wasserfluten warnen. Wir können das Erbgut von vielen Bakterien, Pflanzen und etlichen Tieren passgenau zurechtschneiden („CRISPR/Cas9"), sodass sie noch mehr Ertrag bringen und Krankheiten (Lit. 53) und künftige Trockenzeiten besser überleben. Wir impfen keine Impfstoffe mehr, sondern weisen mit Botenstoffen („m-RNA") Körperzellen an, die Abwehrstoffe gegen die Krankheit (wie Corona) selbst zu produzieren.

Wi kunnen de Eer verlaten un Lü seker na de Maan henbrengen. Man wat uns Minsken up de Eer faster tosammenholt, wo wi uns beter upnanner verlaten un vertroen könen, wo wi mitnanner mehr Free hollen, wo wi – bi all Verschill an Menen un Levenswiesen – uns beter eens worden in uns Gesellskuppen un up de heel Wereld un wo wi ok dat Goods in de swacke Lü unner uns sehn un de noch mehr Kans günnen, as dat wi de all wieder bisied stöten, all dat hebben wi Minsken ok in dusenden van Jahren neet verstahn un wi kregen uns un ok uns Tosamenleven neet beter in 't Greep. In dis Belang sünd wi mehr Wulf bleven un neet to beter Minsken worden.

Siet nu twee hundert Jahren kriegen wi de Natur dör uns Försken un Wetenskupp stüttig beter to verstahn un dat hebben wi to uns Nütt in neei Maschinen, Warktügen un Computers umsett. Wi hebben uns Leven nu völ beter in 't Greep as froher un könen beter vörutplanen un mehr kuntrolleren. Wi könen beter vörsörgen un wi worden neet so vertwiefelt of benaut, wenn de Natur neet so will as wi menen un wi raken al lang neet mehr in Spökenkiekeree. Wi hebben heel gau lehrt, mit Försken un Weten tegen Unsekerheid antogahn. Wi sünd neet mehr bang vör 'n Gewitter; wi weten, wo wi en Blitzableiter up Dack setten mutten. Wi könen de Loop van all uns Planeten un ok van de Sünnen van heel wied weg up de Sekunn bereken. Wi könen Unweer un de Overlast van Water fiev Dagen seker wahrschauen. Wi könen dat Arvgood van völ Bakterien, Planten un 'n Stück of wat Deren vanpaß torechtschnieden („CRISPR/Cas9"), dat se noch mehr Dracht brengen un Sükden (Lit. 53) un tokomende Drögden beter overstahn. Wi impfen kien Impfstoff mehr, man wi wiesen mit „m-RNA" as Bode de Zellen in uns Liev an, sülvst de Medikament to maken, de tegen de Krankheit (so as Corona) angeiht.

Wir können die zukünftige Erderwärmung durch unsere Abgase berechnen und können warnend vorhersagen, wie eine solche Erwärmung langfristig unser Klima und Wetter durcheinanderbringt und uns in den nächsten Jahren schaden wird. Wir können berechnen, wohin all die Berge unseres Plastikmülls auf den Ozeanen treiben. Wir können den Pflug und den Mähdrescher durch die Anweisungen von Satelliten ohne Fahrer zentimetergenau über das Land fahren lassen. Wir können mit den Computern tausend Kühe anhand ihrer Halstransponder im Melkkarussell überwachen, um sie zu melken und zu füttern, so wie es jedem Tier zusteht. Wir können mit filmenden Drohnen überwachen, wie das Korn reift, wo gedüngt werden muss und wie die Tiere wiederkäuen, wachsen oder ob sie leiden.

Wir haben Maschinen und Werkzeuge für fast alle Arbeiten und Handgriffe. Die Arbeiten werden mehr und mehr automatisch ohne Arbeiter verrichtet – gesteuert von Computern und Robotern in unseren Fabriken, in Logistikcenter usw. und in Zukunft vielleicht auch in unseren Pflegeheimen. Viele fragen sich unsicher und ängstlich: wo bleiben wir Menschen? Bleiben wir noch Herr über uns selbst, wenn die großen Computer und Roboter das alles noch besser, schneller, genauer und sicherer wissen und machen als wir Menschen (Lit. 1)? Was wird aus meiner Arbeit, wenn nur noch die Maschinen mit Automation und die Roboter produzieren? Sind wir dann nur noch die Handlanger von Robotern und Rechenmaschinen und was ist Arbeit und was ist menschliches Leben dann noch? Kann ich von einer anderen, neuen Arbeit in unserer Gesellschaft dann noch abgesichert leben? Was kann dann mein Beitrag und mein Streben in so einer Gesellschaft sein, wenn sie sich so stark verändert? All die Antworten darauf – aber auch den dazugehörigen Wandel (einschließlich Klima und Umwelt) – werden uns nicht fix und fertig präsentiert; wir sind jetzt schon Teil dieses Wandels – jeder für sich und wir alle zusammen.

Wi könen de tokomende Upwarmen van uns Eer dör uns Ofgasen bereken un könen wahrschauen, wo so 'n Upwarmen uns Klima un Weer mit de Jahren dörnannerbrengt to uns Schaa. Wi könen bereken, waar all de Bargen an Ofgefall van Plastik up dat grote Water hendrieven. Wi könen Ploog un Maihdösker mit Anwiesen van Satelliten sünner Fahrer zentimetergenau over 't Land fahren laten. Wi könen mit Computers dusend Kojen mit Halstransponder in d' Melkkarussell overwachen to ofmelken un to foren, so as elke Deer dat tosteiht. Wi könen mit flegende Filmkameras overwachen, wo dat Koorn riept un waar düngt worden mutt un wo de Deren neerkauen un wo se greien un of se quienen.

Wi hebben Maschinen un Warktügen för bolt all Wark un all Handgrepen. Un 't Wark word mehr un mehr automatisch sünner Arbeiders maakt – stürt van Computers un Roboters in uns Fabriken, in Logistikcenters usw. un in Tokummst villicht ok in uns Plegeheime. Völ fragen sück unseker un benaut: waar blieven wi Minsken? Blieven wi noch Baas over uns sülvst, wenn de grote Computers un Roboters dat all noch beter, gauer, akkerater un sekerder weten un maken as wi Minsken (Lit. 1)? Wat word ut mien Arbeit, wenn blot noch de Maschinen mit Automation un de Roboters wat maken? Sünd wi dann blot noch Handlangers van Roboter un Rekenmaschinen un wat is Arbeit un minskelk Leven dann noch? Kann ik van en neei, anner Arbeit in uns Gesellskupp dann noch ofsekert leven? Wat kann dann noch mien Bidrag un mien Trachten in so en Gesellskupp wesen, wenn de sück so leep verannert. All de Antworden daarup – man ok de Wannel (ok in Klima un Umwelt) de daarto hört – worden uns neet kant un klaar vörsett, wi sünd nu al Deel van disse Wannel – elk för sück un wi all mitnanner.

Schneller mit Digitalisierung

Heute arbeiten wir bereits mit Maschinen und Robotern zusammen, die ihre Anweisungen – so oder anders zu arbeiten – von Computern erhalten. Letztere arbeiten mit weiteren Computern und Robotern zusammen, die etwas anderes gemessen oder fotografiert haben oder ein ganz anderes Wissen beitragen können. Für fast alle Arbeiten und alle Handgriffe haben wir Roboter, Maschinen und Werkzeuge, die mit Hilfe ihrer integrierten Sensoren alles in ihrem Arbeitsumfeld genau erkennen, greifen, fixieren, bewegen und bearbeiten können. All die Informationen aus den Sensoren werden in Maß und Zahl ausgedrückt und blitzschnell in den Computern verarbeitet (das ist Digitalisierung). Jedes einzelne Werkstück weiß von seinen Werkzeugen und seinen Maschinen. So finden sie schon jetzt in vielen Fabriken zusammen; so werden alle Teile passend genau bearbeitet und montiert, verpackt und versandt, so wie von Geisterhand getrieben mit immer weniger Menschen dazwischen. Im Verlauf dieser Arbeiten kommt ungeheuer viel Wissen zusammen, das bearbeitet und gespeichert werden muss.

Die großen Rechenmaschinen, die viele Computer vernetzen, merken sich alles sehr schnell und genau mit Zahl und Maß. Aus den Bergen an solch gespeichertem Wissen können die Rechenmaschinenspezialisten in ihren Fabriken stets in Erfahrung bringen, wie sie ihre Produkte noch schneller, sicherer, fehlerfreier und billiger herstellen und kontrollieren können. Man kann sagen die großen Rechenmaschinen sortieren und „puzzeln" so lang – aber ungeheuer schnell – mit all den vielen Zahlen und ihrem immensen Wissen aus verschiedenen Computern um sich herum, bis sie sehr wahrscheinlich das

Gauer mit Digitalisierung

Vandaag arbeiden wi Minsken al mit Maschinen un Roboters tosamen, de hör Anwiesen – so of anners to arbeiden – van Computers kriegen. De arbeiden mit anner Computers un Automaten tosamen, de wat anners meten of fotografert hebben of en heel anner Weten mitbrengen könen. Bold för all Arbeiden un all Handgrepen hebben wi Roboter, Maschinen un Warktügen, de mit hör inbaut Sensoren in de Kuntrei van hör Arbeid alls utmaken, griepen, fasthollen, bewegen un bearbeiden könen. All de Informationen van de Sensoren kriegen Tahl un Maat un de worden heel gau in de Computers verarbeidt (dat is Digitalisierung). Elk enkelt Deel weet van sien Warktügen un sien Maschinen. So finnen se nu al in völ van uns Fabriken tonanner, so worden all de Delen moi vanpaß bearbeit un monteert, verpackt un wegstürt, so as van Spökenhand dreven mit all minner Minsken daartüsken. Daar kummt bi all de Arbeiden baldadig wat an Weten tosamen, dat uparbeidt un uptekent worden mutt.

De grote Rekenmaschinen, de völ Computers mitnanner vernetten, marken sück alls heel gau un akkeraat mit Tahl un Maat. Ut all de Bargen an so 'n uptekend Weten könen de Lü mit grote Rekenmaschinen in hör Fabriken stüttig mehr tofaat kriegen, wo se hör Produkten noch gauer, sekerde, billiger un mit minner Fehlers maken un kuntrolleren könen. Man kann seggen de grote Rekenmaschinen sorteren un „puzzeln" so lang – man baldadig gau – mit all de völ Tahlen un dat baldadig Weten ut de verscheden Computers umnanner to, bent se – antost seker – dat

herausgefunden haben, wonach sie suchen sollten. So erkennen sie auch Gesichter wieder aus tausenden von Fotos oder aus Filmen heraus. Sie wissen welche Bedeutung ein Verkehrsschild hat und sie finden die Bedeutung von tausenden gesprochener und geschriebener Worte sehr schnell heraus. Sie vergleichen tausende Bilder von verschiedenen Krebsgeschwüren mit dem Bild von dem Krebs in deinem Körper und wissen danach recht genau, wie es um deine Gesundheit bestellt sein muss. Das Wissen der Forscher, wie Medikamente in der Regel gegen eine Krankheit wirken, nehmen die großen Rechenmaschinen auf und schlussendlich schlagen sie vor, wie ein besseres Medikament anders aufgebaut sein könnte (Lit. 2). Die großen Rechenmaschinen sind jetzt schon so „klug", dass sie ihr Wissen untereinander (aber auch mit Menschen) austauschen und sich selbst mehr und mehr untereinander etwas „beibringen" und auch selber „entscheiden" können. Das nennt sich „künstliche Intelligenz (KI)" (Lit. 1). So können uns die großen Rechenmaschinen vorschlagen, wie z. B. der Ablauf einer Arbeit am besten zu planen und durchzuführen sei. Damit können wir den Ablauf vieler Arbeiten und Dienstleistungen in Fabriken, in Lieferketten und im Handel, im Krankenwesen, in Banken, in Versicherungen usw. sehr genau nachverfolgen, besser abstimmen und Störungen und Leerlauf verringern. In großen Finanzhäusern sammeln und sortieren deren Rechenmaschinen mit künstlicher Intelligenz alle verfügbaren kleinen Informationen aus der Wirtschaft; damit wollen sie Börsenwerte und Werte von Krediten, Immobilien, Firmen, Rohstoffen, Nahrungsmittel usw. besser vorhersagen (Lit. 3).

Damit müssen wir uns in Zukunft viel mehr auseinandersetzen und uns auch daran anpassen. Wenn viele ältere Menschen damit nichts zu tun haben möchten, dann ist es doch so, wie wenn wir früher mit einem Spaten gegen einen Bagger graben wollten. Dann kannst du „Deinen Spaten auch in den Deich stechen", wie unsere friesischen Vorfahren es machten, wenn sie die verpflichtenden Arbeiten zum Schutz der Deiche

dat rutfunnen hebben, waarna se söken sullen. So kennen se ok Gesichter weer ut dusenden van Fotos of ut Filmen herut. De Rekenmaschinen weten, wat 'n Verkehrsteken bedütt un se kennen de Bedüden van dusenden sproken of schreven Woorden heel gau herut. Se verglieken dusende van Biller van verscheden Kankers mit de van dien Kanker in dien Liev un weten daarna antost genau, wo 't um dien Gesundheit steiht. Dat Weten van de Förskers, wo Medikamente dörgahnsweg tegen en Krankheit angahn, nehmen de grote Rekenmaschinen up un up 't End slaan se vör, wo en beterde Medikament anners upbaut wesen kunn (Lit. 2). De grote Rekenmaschinen sünt nu all so „klook“, dat se hör Weten unnernanner (man ok mit Minsken) uttusken un sück unnernanner sülvst mehr un mehr „bibrengen“ könen un sück ok „reselveren“ könen. Dat nömt sück „künstliche Intelligenz (KI)“ (Lit. 1). So könen uns de grote Rekenmaschinen vörslaan, wo – to 'n Bispill – de Ofloop van Arbeit am besten to planen un am sekersten to doon weer. So könen wi nu al de Ofloop van völ Arbeit un Dennsten in Fabriken, in Lieferketten un Hannel, in Krankenhusen, in Banken, in Versekern usw. heel akkeraat nagahn, beter ofstimmen un Hinner un Leegloop minnern. In grote Geldhusen sammeln un sorteren de hör Rekenmaschinen mit „künstlicher Intelligenz“ all de Körrelkes an Weten ut uns Wirtschaft, so willen se de Weert van de Börsen un van Wessel, Husen, Bedrieven, Rohstoffen, Eteree usw. beter wahrwicken (Lit. 3).

Daarmit mutten wi uns in Tokummst völmehr utnannersetten un uns daar ok anpassen. Wenn völ oller Lü daarvan nix weten willen, dann is dat so, as wenn wi froher mit een Spaa tegen een Bagger an wöhlen wullen. Dann kannst Du „Dien Spaa ok in de Diek steken“, as uns freesk Vörollen deen, wenn se upgaffen un hör Plicht to dieken neet mehr meien

nicht mehr leisten konnten und sie daraufhin die Heimat verlassen mussten.

Digitalisierung und künstliche Intelligenz sind schon sehr tief in unseren Alltag eingedrungen (systemrelevant) (Lit. 4) und das hat bereits viel um uns verändert: wie wir zusammenarbeiten, miteinander umgehen und unseren Alltag und unsere Freizeit organisieren. Das merke ich, wenn ich meine Zeitung während des Urlaubes über das Telefon abmelden möchte und das der freundlichen Stimme aus der Maschine vorschlage – die gar keine Menschenstimme ist. Ich berate mich mit der Maschinenstimme (und der großen Rechenmaschine dahinter) wie mit einem Menschen, um die Änderung nach meinen Vorstellungen durchzuführen. Und ängstlich frage ich mich, was macht das alles mit uns Menschen? Wie gehen wir Menschen untereinander und miteinander um, wenn wir uns immer mehr in der Arbeit und in unserer Freizeit mit Rechenmaschinen „unterhalten" und mit ihnen unsere Entscheidungen treffen? Werden wir dann allmählich mehr vereinzelt und gar selbst wie Maschinen? Was muss der Mensch, was darf die Maschine entscheiden (Lit. 1)?

Und wenn zukünftig einmal die Autos ohne Fahrer fahren sollten, dann müssen all die Computer in den Autos, die in derselben Gegend fahren, voneinander wissen und immens viele Informationen aus Kameras und von Satelliten und von anderswo her sehr schnell aufnehmen und sofort auswerten. Und dann müssen die Computer verbunden mit den großen Rechenmaschinen unmittelbar entscheiden, wie das Auto im Gefahrenfall abbremsen soll und wohin das Auto dann ausweichen muss und wie ein Stau umfahren werden kann und ob der Mann die Straße überqueren will oder ob er nur wartet (Lit. 5).

Je mehr Daten und Wissen die immer größeren Rechenmaschinen der Betreiber von uns erhalten und fortlaufend speichern, umso schneller und genauer können sie all diese kleinen Brocken an Information durch passende Anweisungen („Algorithmen")

kunnen un daaruphen hör Heimat verlaten mußden.

Digitalisierung un künstliche Intelligenz sünd al leep deep indrungen in uns Warkeldag („systemrelevant") un dat hett al völs um uns to verannert (Lit. 4): wo wi tosamen arbeiden, mitnanner umgahn un uns Warkdag un Freetied up Rieg kriegen. Dat mark ik, wenn ik mien Blattje in de Tied van mien Urlaub over d' Telefon ofmellen will un dat de fründelke Stimme ut de Maschin vörslaa – de heel kien Minskenstimm is. Ik reselveer mit de Maschinenstimm (un de groot Rekenmaschin daarachter) nett so as mit 'n Minske, wo wi dat Ofmellen na mien Vörstellen tofaat kriegen. Un bang fraag ik mi, wat maakt all dat mit uns Minsken? Wo gahn wi Minsken unnernanner un mitnanner um, wenn wi up uns Arbeit un in uns Freetied uns stüttig mehr mit Rekenmaschinen utnannersetten un uns mit de reselveren? Worden wi mit de Tied dann al mehr verenkelt un al sülvst to Maschinen? Wat mutt de Minsk, wat dürt de Maschin besluten (Lit. 1)?

Un wenn in Tokummst eenmaal de Autos sünner Fahrers fahren sullen, dann mutten all Computers in de Autos, de in de sülvige Kuntrei fahren, völ van nanner weten un baldadig völ Informationen van Fotos, van Satelliten un van annerwaars her heel gau upnehmen un up Stee utwerten. Un dann mutten de Computers heel gau entscheden, wo bi Gefahr de Auto ofbremsen sall of waarhen de Auto utwieken mutt un wo en Stau gau umfahrt worden kann un of de Keerl nu over de Straat gahn will of blot ofwacht (Lit. 5).

So mehr de stüttig groter Rekenmaschinen van de Bedrievers dör uns Computers wat van uns to weten kriegen un dat allmanto upteken, so gauer un genauer könen se all de Körrelkes an Weten dör gadelk Anwiesen mitnanner verknüppen („Algorithmen")

miteinander verknüpfen und so zu neuen Einblicken über den Ablauf unserer Arbeit, über unseren Alltag aber auch über unseren Konsum kommen. Bei alledem, was wir über unsere Computer den großen Rechenmaschinen der Betreiber zu verstehen geben und ihnen mitteilen, was uns interessiert, wonach wir suchen oder wonach uns verlangt, da brauchen wir uns nicht zu wundern, dass sie schnell und sicher über uns berechnen und herausfinden können, was wir uns jetzt oder in Zukunft wahrscheinlich kaufen werden. Wonach die Rechenmaschinen forschen und Neues über uns herausfinden wollen, das bestimmen die Menschen, die die Rechenmaschinen anweisen und das verantworten die Mächtigen dahinter, die mit alldem, was sie über uns herausfinden immens viel Geld verdienen oder gar ihre eigenen, hinterhältigen Interessen durchsetzen können. So bekommen sie ständig mehr Macht über uns, ohne dass wir es merken. Ein vernünftiger Mensch kann einem „dummen" Computer viel Gutes beibringen, aber ein hinterhältiger Mensch vor einem „schlauen" Computer macht mir Angst (Lit. 5). Die großen Rechenmaschinen mit ihrer „künstlichen Intelligenz" sind nicht unsere neuen Halbgötter. So groß dürfen wir sie uns nicht machen lassen; sie sind und bleiben unser „Werkzeug". In allem, was wir sind, haben wir Menschen doch wohl einen höheren Wert als diese „Werkzeuge". Sie müssen uns Menschen zu Diensten bleiben und sie dürfen erst recht nicht in die Hände von Verbrechern geraten. Und von der Erleichterung und Hilfe, die uns diese neuen „Werkzeuge" bringen, dürfen wir alle profitieren und nicht nur ein paar große, mächtige Konzerne oder autoritäre Regierungen. Als Kind las ich von dem Riesen Turtur (Michael Ende), der nur aus der Ferne ganz riesig und sehr gefährlich aussah, aber wenn man Mut hatte und ihm entgegenging, dann wurde er ständig kleiner und wenn man ihm sehr nahe war, wurde er freundlich und hilfsbereit. So ist es mit vielem, was uns anfangs Angst macht.

un to neei Insichten komen over alls wat wi maken bi uns Wark, in uns Olldag un in uns Freetied man ok over uns Konsum. Bi all dat, wat wi over uns Computer de grote Rekenmaschinen van de Bedrievers to verstahn un to Bescheed geven, wat uns interesseert of waarna wi söken of waar uns Jank hengeiht, daar bruken wi uns neet wunnern, dat se gau un seker over uns bereken un rutfinnen könen, wat wi uns nu of in Tokummst waahrschienelk kopen willen. Waarna de Rekenmaschinen försken un Neeis over uns to Insicht kriegen willen, dat bestimmen de Minsken, de de Rekenmaschinen anwiesen un dat verantwoorden de Grootmachtigen daarachter, de daarmit baldadig völ Geld verdenen of daarmit villicht hör egen, fünske Interessen dörsetten willen. So kriegen de mit alls, wat se over uns rutfinnen stüttig mehr Macht over uns, sünner dat wi dat marken. En nümig Minske kann en „dumme" Computer völ Goods bibrengen, man en fünske Minske de vör en „schlau" Computer sitt, de maakt mi bang (Lit. 5). De grote Rekenmaschinen mit hör „künstliche Intelligenz" sünd neet uns neei Halvgottheiden. So groot düren wi uns de neet maken laten: se sünd un blieven uns „Warktüg". In alls, wat wi sünd, hebben wi Minsken doch wall 'n groter Weert as disse „Warktügen". De mutten all uns Minsken to Dennsten blieven un se düren eerst recht neet in de Hanne van Schojers raken. Un van de Verlichten un Hülpe, de uns disse neei „Warktügen" brengen, düren wi all mitnanner profiteren un neet blot 'n Stück of wat grootmachtige Konzerne of grootsnuterge Regeren. As Kind leesde ik van de Riese Turtur (Michael Ende) de blot van feern heel groot un leep gefahrelk utsach, man wenn man Kuraasje harr un hum tomötgung, wurr he stüttig lüttjeder un wenn man stuuv bi hum was, wurr he fründelk un gung moi to Hülpe. So is dat mit völs, wat uns up 't Eerste benaut maakt.

Auch die Militärs haben herausgefunden, wie man zukünftig Kriege wieder gewinnen kann, wenn wir nur noch die immer schnelleren Computer mit „künstlicher Intelligenz" berechnen und entscheiden lassen, wo die Rakete oder vielleicht gar eine sehr „kleine" Atombombe sehr präzise explodieren soll und dies alles auch ohne den Befehl und die Verantwortung eines Soldaten („autonome Waffensysteme") (Lit. 6). Und sie verstehen auch bestens, wie über die Computer und über die „soziale Medien" passende Lügen und Verschwörungstheorien in ein anderes Land verbreitet werden, damit dort gezielt noch mehr Angst und tiefe Zwietracht und gar ein Bürgerkrieg ausgelöst werden (Lit. 7). Ich unterstelle, dass all diese neuen, entsetzlichen Gerätschaften – gesteuert von „künstlicher Intelligenz" – sich derzeit in ständig neuen Kriegen beweisen müssen (so wie es in Georgien, Afghanistan, Syrien und jetzt in der Ukraine geschehen ist), damit sie danach besser verkauft werden können. So gesehen ist „künstliche Intelligenz" auch eine Waffe und Waffen sind mit den Zeiten immer hinterhältiger, gefährlicher und schändlicher geworden. Ich meine, wir Menschen dürfen die Entscheidungen über den Tod und über das Leben und über die Menschenrechte niemals allein den Rechenmaschinen mit KI überlassen: nicht im Krieg, in keinem Regelwerk einer Bürokratie einer politischen Herrschaftsform, in keinem Krankenhaus und Forschungslabor und vor keinem Gericht, auch wenn die Computer noch so schnell und „klug" arbeiten (Lit. 54). Dieselbe „künstliche Intelligenz", die einen Tumor auf einem Röntgenbild erkennt, wird auch benutzt, um ein militärisches Ziel auf einem Luftbild zu erkennen und um es hernach präziser anzugreifen. Aber so ist es immer gewesen: bei allen neuen Techniken und Werkzeugen, die wir Menschen erfinden und die uns allen zu Diensten sein sollen, liegen oft auch einige Anwendungen, die wir uns um die Ohren schlagen, nur um zu zeigen, wer von uns noch größer, reicher und mächtiger sein möchte.

Ok de Militärs hebben utfunnen, wo man tokomende Kriege weer winnen kann, wenn wi blot noch stüttig gauer de Komputers mit „künstliche Intelligenz" bereken un entscheden laten, waar de Rakete of villicht en heel „lüttje" Atombomb heel akkeraat exploderen sall un dat all sünner de Örder un de Verantwoorden van en Soldat („autonome Waffensysteme") (Lit. 6). Un se verstaahn ok best wo over de Komputers un over de „soziale Medien" gadelk Lögens un Haat in en anner Land utspreed worden dat daar heel moi vanpaß noch mehr Benautheid un deper Tegenstried un Krieg in Gang kummt (Lit. 7). Mi dünkt, all disse neei, düvelsk Gereedskuppen – stürt van „künstliche Intelligenz" – mutten sück upstünds in stüttig neei Kriege bewiesen (so as dat in Georgien, Syrien un nu in de Ukraine geböhrt is), umdat se achterna beter verköfft worden könen. So gesehn is „künstliche Intelligenz" ok' n Wapen un de sünd siet verleden Tieden stüttig fünsker, gefahrelker un schandelker worden. Ik meen, wi Minsken düren de Entscheden over Dood un Leven un over Minskenrecht nooit de Rekenmaschinen overlaten: neet in 't Krieg, neet up de Amten nettgliek van wat för 'n Regeren un neet in 't Krankenhuus, bi 't Försken neet un för kien Gericht, ok wenn de Komputers noch so ratt un „klook" arbeiden (Lit. 54). Desülvige „künstliche Intelligenz", de 'n Kanker up 'n Röntgenbild utmaakt, word ok bruukt van de Militärs, wenn de up 'n Bild ut 'n Fleger wat utmaken, dat se daaruphen genauer angriepen. Man hett alltied so west: bi all neei Techniken un Warktügen, de wi Minsken utfinnen un de uns all to Dennsten wesen sölen, liggen meest ok 'n paar Büngels bi, de wi nanner um de Ohren hauen, blot um to bewiesen, well van uns noch groter, rieker un machtiger wesen will.

„Soziale Medien" – nicht so sozial

Wenn wir heute telefonieren, dann oft nicht mehr mit dem Telefon, sondern mit einem „smart-phone". So nennen sich die cleveren Apparate, die viele in den Hosentaschen oder in den Handtaschen tragen und mit denen man nicht nur telefonieren kann, sondern die uns auch alles zeigen, was uns interessiert und die für uns alle Sachen und Dienstleistungen bestellen, die wir haben wollen. Dabei sind diese „smart-phones", so bequem und so verführerisch einfach zu bedienen: wir wischen mit unseren Fingern einfach nur drüber. Aber zuerst stimmen wir den Geschäftsbedingungen der Betreiber zu, meist ohne sie zu lesen. Das ist mit den „smart-phones" auch so schön billig für uns. Es ist grad so, als wenn dein Nachbar früher zu dir hätte sagen wollen: „Du kannst immer umsonst bei mir telefonieren, aber ich will alles mithören und aufzeichnen, was da gesprochen wird." So weiß er Bescheid über dich, was du dir kaufst oder was dein Wunsch ist (Lit. 8a). Und hinterher schickt er seine Händler zu dir und verdient daran mit, was seine Leute dir alles verkaufen und darüber hinaus noch alles über dich in Erfahrung bringen. Diese cleveren „smart-phones" der Leute (Nutzer) sind auch kleine Spione in den Hosentaschen und Handtaschen, wenn sie eingeschaltet und mit der ganzen Welt vernetzt sind. Sie wissen genau, wo du bist, in welches Schaufenster du gerade schaust, in welcher Reihenfolge du dir welche Werbung auf dem „smart-phone" ansiehst und mit wem du spazieren gehst. Sie wissen auch, wonach du in dem großen Lexikon „Google" suchst, aber bevor du lesen darfst, was sie gefunden haben, musst du zustimmen (Cookies), dass sie dich noch intensiver aushorchen dürfen und auch verbreiten dürfen, wonach du weiterhin suchst. Sie wollen wissen, was

„Soziale Medien" – neet so sozial

Wenn wi vandaag telefoneren, dann faken neet mehr mit 'n Telefon, man mit 'n „smart-phone". So nömen sück de nümig Apparaten, de völ van uns in Büxtaske of in Handtaske hebben un mit de wi neet blot telefoneren, man de uns alls wiesen, wat uns interesseert un de för uns all Reev un Dennsten bestellen, de wi hebben willen. Daarbi sünd de „smart-phones" so mackelk un so verföhrsk eenfach to bedenen: wi wisken mit uns Fingers eenfach blot d'rover. Man toeerst stimmen wi de „Geschäftsbedingungen" van de Bedriever to, meest sünner de to lesen. Dat mit de „smart-phones" is ok so moi billig för uns. Dat is nett so, as wenn dien Nahber froher tegen di haar seggen wullt: „Du kannst alltied umsünst bi mi telefoneren, man ik will 't all mithören un all upteken, wat d'r proot word." So weet he Bescheed over di, wat du di köffst of wat dien Wünsk is (Lit. 8a). Un achterna stürt he sien Hannelslü up di an un verdeent daaran mit, wat sien Lü alls an di verköfft kriegen un all noch bovendeem over di to weten kriegen. All de nümige „smart-phones" van de Lü (Nutzer) sünd ok lüttje Spione in de hör Büx- un Handtasken, wenn se inschalt un mit de heele Wereld vernett sünd. Se weten genau, waar du büst, in wat för en Schaufenster du nett kickst, wat du di de Rieg na an Reklam up dien „smart-phone" ankickst un mit well du an keiern büst. Se weten ok, na wat du in de groot Lexikon „Google" söchst, man bevör du lesen dürst, wat se funnen hebben, muttst du tostimmen („Cookies") dat se di noch lepe uthören un navertellen düren waarna du wiederhen noch söchst. Se willen weten, wat

dich darüber hinaus noch alles interessiert oder was du dir über den Handel z. B. bei „Amazon" alles bestellst und liefern lässt. Vieles, was du so ganz nebenbei und bereitwillig über dich preisgibst, meldet das „smart-phone" den sehr neugierigen Betreibern, deren Maschinen alles aufzeichnen, sich alles merken und dich so immer besser kennenlernen, besser als dein bester Freund. Und die Betreiber geben all das gespeicherte Wissen über dich mit ihren Anweisungen („Algorithmen") an ihre großen Rechenmaschinen und die finden – mit all dem, was sie bereits über dich in Erfahrung gebracht haben – sehr wahrscheinlich heraus, was du dir in Zukunft kaufen möchtest an Kleidung, Büchern, Versicherungen, Reisen und anderes mehr. Sie bestimmen auch, was du als nächstes auf dem „smart-phone" lesen solltest. Und für die Zukunft versprechen sie uns, dass wir anstelle der „smart-phones" ihre Brillen aufsetzen, die uns ihre schöne, neue Welt so real darstellen (virtuelle Realität), dass wir darin mit Vergnügen einkaufen, reisen und uns vergnügen werden können (Metaverse) (Lit. 9). Der Lautsprecher „Alexa" bei dir zu Hause schreibt als Maschine alles mit, was er hört und meldet alles seinem Betreiber. Wenn du etwas bestellen willst, dann brauchst du nicht mehr zu schreiben, du erzählst es „Alexa" und die sorgt dafür, dass es schnell geliefert wird. Derart verführerisch präsentiert man uns den Konsum über die Digitalisierung und „künstliche Intelligenz" in den „smart-phones". Ich meine, das hat unseren Konsum übermäßig angefeuert und hat unsere Konsumwünsche mit allem verbunden. Darum nennt man das ganze Wunderwerk auch „vernetzte Medien" oder „soziale Medien". Mit so einem „smart-phone" kann ich nicht nur telefonieren und bestellen, sondern mich auch ausweisen, anmelden, bezahlen, rumspielen, die neuesten Filme anschauen, Termine und Wege planen, bei mir zuhause Geräte einschalten, meine Gesundheit kontrollieren usw. Ich kann all meine Aktenordner, Dokumente, ja alle meine Büroarbeiten über mein kleines „smart-phone" verwalten. Dass das alles über die „smart-phones" laufen kann, ist bequem für uns, aber noch hilfreicher ist es für

di bovendeem noch alls interesseert un wat du di over de Hanne las 'n Bispill bi „Amazon" bestellst un levern lettst. Völs, wat du so heel billig un willig over di utlettst, meld de „smart-phone" na de leep neeisgierige Bedrievers, de hör Maschinen dat all upteken, sück alls marken un di so stüttig beter kennenlehren, beter as dien beste Fründ. Un de Bedrievers geven all dat uptekend Weten over di mit hör Anwiesen („Algorithmen") an hör grote Rekenmaschinen un – mit all dat, wat se al over di neeisgiert hebben, finnen de heel wahrschienelk rut, wat du di ok in Tokummst kopen muggst an Kledage, Booken, Versekern, Reisen un anners mehr. Se bestimmen ok, wat du tovörst up dien „smart-phone" to lesen hest. Un för uns Tokummst beloven se uns dat wi – in Stee van de „smart-phone" – hör groot Brill upsetten, de uns hör moi, neei Wereld so würkelk vörmaken („virtuelle Realität"), dat wi daarin mit Pläseer inkopen, reisen un uns vergnögen könen (Metaverse) (Lit. 9). De Spreekapparat „Alexa" bi di in 't Huus schrifft as 'n Maschin alls mit, wat se to hören kriggt un meld dat all na hör Bedriever. Wenn du wat bestellen wullt, dann brukst du sülvst neet mehr schrieven, du seggst dat to „Alexa" un de sücht to, dat dat gau levert word. So verföhrsk hett man uns „Digitalisierung" und „künstliche Intelligenz" in de „smart-phones" vörsett. Ik meen, dat hett uns Konsum over Maten anbött un hett uns Verbruuk mit alls verbunden; umdat nömt man so 'n Weeswark ok „vernetze Medien" of „soziale Medien". Mit so 'n „smart-phone" kann ik neet blot telefoneren un bestellen, man mi ok utwiesen, anmellen, betahlen, rumspölen, de neeiste Films ankieken, mien Termine un mien Padd planen, bi mi in 't Huus all de Gereedskuppen inschalten un na mien Gesundheit nakieken usw. Ik kann all mien Akten, Papieren un all mien Wark in Büro over mien lüttje „smart-phone" verwahren. Dat dat all over de lüttje „smart-phones" geböhren kann, is mackelk för uns man dat helpt

die neugierigen Betreiber, die so noch mehr, noch leichter und noch schneller über uns informiert werden. Dass so viel Information von unseren cleveren „smart-phones" zuerst zu deren neugierigen ausländischen Betreibern weitergeleitet wird, ist mir nicht recht und macht mir auch Angst. So erfährt der Betreiber von drüben nach und nach zu viel über uns und ich weiß nicht, was er damit alles anstellt. Ich fürchte, die neugierigen Betreiber auf der anderen Seite finden auch nach und nach heraus, was ich vertraulich über mein „smart-phone" noch äußere: meine politischen Überzeugungen, meine Krankheiten, meine Sorgen und weiteres mehr, was privat ist (Lit. 8 und 10 b).

Das große Übel ist und bleibt, dass all das Wissen, die Daten und die Bilder über uns danach für immer bei den großen, mächtigen Informationskonzernen verbleiben und wir darüber nicht mehr verfügen können. Die mächtigen Informationskonzerne wissen recht gut, wo unsere Wünsche hingehen, was wir uns jetzt kaufen und in Zukunft kaufen werden und dieses Wissen verkaufen sie teuer genug als Werbung an die Händler, die uns danach unsere Wünsche noch passender anbieten (personalisierte Werbung). „Wer die meisten Daten kontrolliert, der kontrolliert die Menschen und die Zukunft", so sagen es wohl manche Leute in den mächtigen Informationskonzernen und auch schon die Herrscher in einigen autoritären Staaten (Lit. 10b).

Weil die Digitalisierung noch nicht sicher genug ist, können sich auch Verbrecher und Diebe Zugang zu verschiedensten Daten verschaffen (Cyberkriminalität). Damit können sie die Abläufe in Fabriken, Wasser- und Elektrizitätswerken, Behörden und vielen Organisationen bis ins Detail ausspionieren und zu ihren Gunsten und zu ihrem Nutzen manipulieren oder stören, ohne dass die Menschen und deren Computer anfänglich davon etwas merken. Betrüger können deine Bankdaten ausspähen, sie können sich als deine Person ausgeben und auf deinen Namen Waren bestellen oder

de neeisgierige Bedrievers noch beter up, de so noch mehr, lichter un gauer over uns Bescheed kriegen. Dat sovöl Information over uns nümig „smart-phones" toeerst na de neeisgierige Bedrievers na 't Utland lopen mutt, dat is mi neet recht un dat maakt mi ok bang. So kricht de Bedriever daargünners leverlaa tovöl over uns to weten un ik weet neet, waarto he dat all bruukt. Ik bün bang, de neeisgierige Bedrievers up 't Güntsied kriegen leverlaa ok to weten, wat ik over mien „smart-phone" unnerhands noch ücker: mien politiske Overtügen, mien Krankheiden, mien Sörgen un anners mehr, wat privat is (Lit. 8 und 10 b).

Dat groot Övel is un blifft, dat all dat Weten, de Daten un de Biller over uns daarna för altied bi de grootmachtige Bedrievers (Informationskonzerne) blieven un neet mehr to uns hören. De grootmachtige Bedrievers weten al heel best, waar uns Jank hengeiht, wat wi uns nu kopen un in Tokummst kopen willen un dit Weten verkopen se dür genoog as Werbung an de Handelslü, de uns elke Begehr dann moi vanpaß anbeden („personalisierte Werbung"). „Well de meeste Daten kuntrolleert, de kuntrolleert de Minsken un de Tokummst", so seggen dat wall wat Lü in de grote Informationskonzerne un ok al de Regenten in wat autoritäre Lanne (Lit. 10b).

Umdat de Digitalisierung noch neet seker is, könen Verbrekers un Deven ok Togang to all de verscheden Daten finnen („Cyberkriminalität"). Daarmit könen se all de Oflopen in Fabriken, Water- un Energiewarken, Amten un in völ Organisationen heel genau utspioneren und to hör Günst un Nütt stören un verannern, sünner dat de Lü un de hör Computer to Begünn daarvan wat marken. Schojers könen dien Bankverbinnen utluren, se könen sück för di utgeven un all Reev up dien Naam bestellen of

sie können dich oder ganze Firmen erpressen. Diese Verbrecher können sich bestens in den „sozialen Medien" verstecken. Sie bleiben meist anonym und wollen uns alle Unart und jeden Unrat zum Kauf anbieten.

Seit der Enthüllung des „Pegasus-Projektes" (Lit. 11) wissen wir, dass es bereits für Geld möglich ist, Menschen ohne ihr Wissen über ihr „smart-phone" allumfassend abzuhören. Ich wünsche mir sehr, dass die Digitalisierung, die sozialen Medien und die künstliche Intelligenz deutlich sicherer werden, weil ich Angst habe, dass zu viel Wissen über uns in den „sozialen Medien" auch an autoritäre Regierungen anderer Länder und deren Geheimdiensten weitergegeben werden kann. Und wenn erst autoritäre Regierungen und deren Geheimdienste ihre geheimnisvollen Rechenmaschinen anweisen, die Menschen überall und zu allen Zeiten zu filmen, auszuhorchen, zu beeinflussen und nachzuverfolgen, dann ist es schon vorbei mit dem freien Willen und dem eigenen Denken und der freien Meinung und unserer Demokratie. Dann wird nur noch deren politische Absicht durchgesetzt und Zweifel und Widerspruch daran werden kaum mehr geduldet. Dann würden wir Bürger den Wert von Freiheit und Demokratie umso mehr schätzen, weil wir beides verlören. Die autoritäre Regierung (z. B. in China) lässt durch ihre Geheimdienste die Menschen in den Straßen filmen und mittels „künstlicher Intelligenz" auf ihre großen Rechenmaschinen wiedererkennen und die verfolgen dann die Menschen auf ihren „smart-phones" ständig weiter. Wenn die Bürger etwas Gutes tun, erhalten sie dafür Punkte auf ihrem „Sozialkreditkonto" als Anerkennung gutgeschrieben. Aber wenn ein Bürger etwas verbrochen hat oder in der Zukunft ein Verbrechen plant oder – noch schlimmer – der autoritären Regierung widerspricht, dann werden sie ihn verfolgen, ergreifen und in ein Gefängnis oder ins Lager bringen (Lit. 12). Andere Mitbürger werden dadurch eingeschüchtert. Ich meine, wir in Europa können stolz sein, dass unsere „Datenschutzgrundverordnung (DSGVO)" dafür sorgt, dass wir Bürger

se könen di of heel Firmen de Fuust unner 't Nös hollen. Sückse Schojers könen sück best in de „soziale Medien" verstoppen. Se nömen sück sülvst meest neet un willen uns all Undögd un Strunt to 'n Koop anbeden.

Siet dat dat mit de „Pegasus-Projekt" (Lit. 11) vandag kwamm, weten wi, dat dat al mit minn Geld mögelk is, Minsken stilkens over hör „smartphone" kumplett uttohören. Mien groot Begehr is, dat Digitalisierung, de soziale Medien un künstliche Intelligenz stüttig sekerder worden. Ik bün bang, dat to völ Weten over uns in de „soziale Medien" ok na autoritäre Regeren in anner Lanne un de hör Geheimdiensten stürt worden kann. Un wenn erst de autoritäre Regeren un de hör Geheimdienste hör wunnerlike Rekenmaschinen eerstmaal anwiesen, dat se de Lü allerwegens un to all Tieden filmen, uthören, verföhren un naspören, dann is dat al vörbi mit de freei Will un dat egen Denken un de freei Menen un mit uns Demokratie. Dann word blot noch de hör Menen dörsett un Twiefel un Tegenproot daaran worden neet mehr tolaten. Eerst dann wullen wi Börgers Freeheid un Demokratie mit mehr Ehr andoon, wenn wi beids verlesen deen. De heersk Regeren so as in China laten dör hör Geheimdiensten de Minsken in Straten filmen un mit „künstliche Intelligenz" up hör grote Rekenmaskinen weerkennen. Se laten de Lü dann up hör „smart-phones" stüttig wieder nasetten. Wenn de Börgers wat Goods doon, kriegen se dat mit Punkten up hör „Sozialkreditkonto" as Lohn. Man wenn en Börger wat verbroken hett of he in Tokummst wat verbreken will of – noch leper – de autoritäre Regeren tegenproot, dann setten se hum na, halen hum up un brengen hum in 't Backje of in 't Lager (Lit. 12). Anner Börgers worden so bang maakt.

Ik meen, wi könen in Europa stolt wesen, dat uns „Datenschutzgrundverordnung" (DSGVO) daarför sörgt, dat wi Börgers

wissen dürfen, für was unsere Daten gebraucht und wie sie verarbeitet werden, wer sie erhält und wie sie ausgelöscht werden können. Trotz einiger Schwächen in der DSGVO, sollten wir uns in Europa alle noch stärker dazu bekennen. Dann bleibt auch künstliche Intelligenz in den „sozialen Medien" ein Werkzeug zu unseren Diensten und nicht, um uns zu übermäßigem Konsum zu verführen oder uns politisch überwachen und ggf. autoritär regieren zu können. Ferner sollen "Digital Services Act" (DSA) und „Digital Market Act" (DMA) – zwei neue europäische Gesetze über digitale Dienste – die enorme Macht der großen Konzerne einschränken und die Sicherheit der Verbraucher stärken (Lit. 13). Daten und Informationen über uns sind das neue Gold der Zukunft; aber sie müssen unser Eigentum bleiben! Sinnvoll und vor allem sicher anonymisiert sollten sie auch für andere Anwendungen und zu Forschungszwecken verwendet werden dürfen zum Nutzen aller (Lit. 14). Für eine eigene, sichere Digitalisierung und künstliche Intelligenz müssen wir uns in Europa viel stärker einsetzen, sonst wird unsere Abhängigkeit von den großen Informationsfirmen und den Diensten in Amerika und China zu groß und zu bedrohlich.

Die Betreiber der „sozialen Medien" wissen auch weltweit die Preise von allen Produkten und Dienstleistungen und sie lassen es sich ganz gut bezahlen, dass sie zwischen den Herstellern und uns als „geiz ist geil"-Kunden vermitteln. So wie die Marktleute früher ihre Produkte auf dem Marktplatz anboten, so bieten die Händler heute weltweit ihre Produkte ständig billiger auf „Plattformen" an. Die Produkte kann sich jeder auf seinem „smart-phone" ansehen, erklären und liefern lassen. Das heizt den übermäßigen Konsum ständig weiter an und es verdrängt Märkte und Kaufhäuser aus der Stadt. Das verändert jetzt schon unsere Städte und das Leben darin. Die mächtigen Betreiber der Plattformen vermitteln nicht nur Waren; sie allein legen auch die Regeln und die Kosten für die Plattformen fest, auf denen all die Händler ihre Produkte anbieten. Sie stellen relativ wenig Leute ein und sie übernehmen zu wenig Verantwortung für das, was sie tun und

weten düren, för wat uns Daten bruukt un verarbeit worden, well uns Daten kriggt un wo se utstickt worden könt. Ok wenn de DSGVO noch wat Swackden hett, düren wi uns in Europa noch mehr daarto bekennen. Dann blifft ok „künstliche Intelligenz" in de „soziale Medien" en Warktüg to uns Dennsten un neet, um uns to 'n Overdaad in Konsum to verföhren of uns politisk to overwachen un villicht autoritär to regeren. Bovendem sölen de twee neei Gesetze in Europa („Digital Service Act", DSA un „Digital Maket Act", DMA) noch mehr de Marktmacht van de grote Informationskonzerne bekörten un de Sekerheid van uns Verbrukers starken (Lit. 13). De Daten un dat Weten over uns sünd ok dat neei Gold in uns Tokummst; man se mutten uns Egendom blieven! Rechtschapen un seker anonymiseert sullen se ok för anner Anwennen un to Försken brukt worden düren to 'n Nütt för uns all (Lit. 14). För mehr egen un sekerde „Digitalisierung" un „künstliche Intelligenz" mutten wi uns in Europa völ mehr stark maken, anners word uns Ofhangen van de Informationskonzerne un de Dennsten in Amerika un China to groot un wi komen in d' Kniep.

De Bedrievers van de „soziale Medien" weten ok wereldwied de Priesen van all de Produkten un Dennsten un se laten sück dat heel good betahlen, dat se tüsken de Hersteller un uns as „geiz ist geil"-Kunde vermiddeln. So as de Marktlü froher up de Markt hör Produkte anboden, so beden de Handelslü vandaag wereldwied hör Produkten stüttig billiger up „Plattformen" an. De Produkten kann elk sück up sien „smart-phone" ankieken, verklaren un levern laten. Dat bött de Overdaad an Konsum ok stüttig mehr an un uns Markten un Koophusen in d' Stadt worden minner. Dat verannert uns Steden un dat Leven daarin nu al. De grootmachtige Bedrievers van de „Plattformen" vermiddeln neet blot de Waren, se alleen leggen ok de Regeln un de Kosten vör de „Plattformen" fast, up de all Hannelslü hör Produkten anbeden. Se stellen heel minn Lü in un se verantworden to minn wat se all doon un

sie bezahlen zu wenig Steuern an Stadt und Land, wo sie ihren Gewinn machen. Sie sind sehr neugierig und wollen uns immer mehr zum Kauf anbieten und dabei noch mehr über uns erfahren und somit noch mehr Macht über uns bekommen. Sie haben schon so viel Macht über uns mit ihren neuen Techniken und mit ihren radikal neuen, raffinierten „Geschäftsmodellen" dahinter, dass ich glaube, sie wollen wie ein Gott sein über uns: allwissend und damit allmächtig (Lit. 15). Aber was wird aus uns Menschen, wenn wir heimlich und immer mehr von verschiedenen, großmächtigen Betreibern und Informationskonzernen ausgehorcht werden (Lit. 8a)? Sie wollen uns weismachen, dass sie allein mit all ihren neuen Techniken die Welt zu einem schöneren Ort machen können. Aber die Betreiber der Plattformen wollen mit all dem Wissen über uns zuerst ihr Geld verdienen. Ich sehe weiterhin die Gefahr, dass sie viele von uns wie ihr einfältiges Konsumvieh vor sich hertreiben wollen und uns als naive Geschöpfe im Griff halten möchten bis die ganze Erde ausgeraubt und aufgeheizt ist. Ich glaube, dass die Betreiber und die großen Informationskonzerne heute schon mächtiger sind als man damals die mächtigen Stahl-, Öl- und Eisenbahnkonzerne (Trusts) in Nordamerika vor hundertfünfzig Jahren hat wachsen lassen.

Ich fürchte, die Betreiber der sozialen Medien und der Plattformen erfahren immer besser, wen wir kennen und mit wem wir Kontakt haben. Ich fürchte, sie können indirekt auch erfahren, was wir politisch äußern. Was dies betrifft, weiß man, dass sie ihre großen Rechenmaschinen mit künstlicher Intelligenz und mit entsprechenden „Algorithmen" anweisen, all die vielen Winzigkeiten, die sie nach und nach durch uns erfahren, passend zusammenzufügen, ähnlich wie Puzzle-Teile. So können sie sich allmählich ein genaueres Bild oder „Profil" von uns machen (Lit. 16), wie wir mit anderen Menschen in unseren Gemeinschaften und in unserer Gesellschaft zusammenleben und auch welche politische Partei wir wohl wählen würden. Es ist auch denkbar,

se betahlen to minn Stüren an Stadt un Land, waar se hör Verdennst maken. Se willen all noch mehr neeisgieren un uns alls to Koop anbeden un daarbi ok all noch mehr over uns wiesworden un daardör noch mehr Macht over uns kriegen. Se hebben al sovöl Macht over us mit hör neei Techniken un mit hör van Grund of an neei, raffineert „Geschäftsmodell" daarachter, dat ik löv, se willen as en Gott over uns wesen: allwetend un daarmit allmachtig (Lit. 15). Man wat word ut uns Minsken, wenn wi stilkens all wieder van verscheden grootmachtige Bedrievers un Informationskonzerne uthört worden (Lit. 8a)? Se willen uns wiesmaken, dat se alleen mit hör neei Techniken de Eer to 'n mojer Stee maken könen. Man de Bedrievers van de „Plattformen" willen mit all dat Weten over uns toeerst hör Geld verdenen. Ik seh wiederhen de Gefahr, dat se völ van uns as hör eenfoldig „Konsumveeh" för sück her drieven willen un uns as unnösel Schepsels in hör Greep hollen willen bit de heel Eer utroovt un glenn is. Ik löv, dat de grote Bedrievers un de Informationskonzerne nu al groter sünd as dotieds de machtige Stahl-, Ölje- un Iesenbahnkonzerne („Trusts") in Noordamerika vör hunnertfievtig Jahren harren greien kunnt.

Ik bün bang, de Bedrievers van de „soziale Medien" un van de „Plattformen" worden stüttig beter gewahr mit well wi bekennt sünd un mit well wi Kuntakt hebben un ik bün bang, se kunnen so ok gewahr worden, wat wi politisk üttern. Un wat dat angeiht, könen se hör grote Rekenmaschinen mit „künstliche Intelligenz" un mit gadelk „Algorithmen" anwiesen, all de völ Körrelkes, de se na un na van uns gewahrworden, moi vanpaß binanner to doon, haast gliekso as Puzzle-Deelen. So könen se sück na un na ok 'n akkerater Bild of en „Profil" van uns maken (Lit. 16), wo wi mit anner Lü in uns Gemeenskuppen un in uns Gesellskupp tosamenleven un ok wat för en politisk Partei wi wall kören wullen. Dat kann ok wall wesen,

dass die großen Rechenmaschinen der Geheimdienste, der mächtigen Autokraten oder zwielichtiger Multi-Milliardäre herausfinden, wie sie verunsicherte Bürger unter uns – heimlich aber vorsätzlich – gezielt verunsichern, sodass diese Bürger daraufhin ihre politischen Ansichten ändern und diese Bürger so zur Wahl einer anderen (oft radikaleren) Partei beeinflusst werden (Lit. 8b), so wie es bei den Präsidentenwahlen 2016 in Amerika der Firma „Cambridge Analytica" unterstellt wurde (Lit. 10b).

Wir Menschen haben vor mehr als hundert Jahren Maschinen und Motoren erfunden und so unsere schwache Muskelkraft stark vergrößert; wir arbeiten heute mit „künstlicher Intelligenz (KI)", um unser begrenztes Denken immens zu beschleunigen und zu erweitern. Darin liegen noch nicht absehbare Chancen aber auch Gefahren (Lit. 5b). „Künstliche Intelligenz" ist zweifelsohne ein wertvolles, mächtiges Werkzeug, um eine schier unübersehbare Vielzahl an Daten und Wissen mit Hilfe brauchbarer Anweisungen (Algorithmen) recht genau und sinnvoll miteinander zu verbinden und uns daraus ein genaueres Bild zu machen. Damit ist es möglich, immer mehr komplizierte Abläufe in der Wirtschaft, Technik, im Handel und im öffentlichen Leben (mit einer schlankeren Bürokratie) besser vorherzusagen, zu planen und in den Griff zu bekommen – ähnlich genau wie wir derzeit unser Wetter aus den Wetterdaten vorhersagen können. Aber wir dürfen nicht zulassen, dass die „künstliche Intelligenz" uns Menschen – wie auch immer – anhand unserer abgelieferten Daten immer mehr aushorcht und uns damit beherrschbarer macht. Ich fürchte sehr, wenn wir das zulassen, dann machen wir dieses Werkzeug zu unserem allwissenden Tyrannen. Dann entwürdigen wir alles, was uns Menschen ausmacht und immer ausgemacht hat – wie unsere Liebe, Trauer, Freude, Angst, Vertrauen, Zweifel, Humor und vor allem unsere Fähigkeit zur Zusammenarbeit. So ein allwissender, überheblicher Tyrann darf uns nicht zu seinem „Besen" machen, mit dem wir unser eigenes „Haus" nach und nach überfluten (nach Goethe, Der Zauberlehrling).

dat de grote Rekenmaschinen van de Geheimdiensten un van de machtige Autokraten of van 'n Stück of wat fünske unbannig rieke Lü rutfinnen, wo se de unseker Börgers unner uns – stilkens man mit Will – moi vanpaß bang maken, so dat disse Börgers daaruphen hör politiske Menen annern un se disse Börgers so to en anner (faken radikaler) Partei verföhren (Lit. 8b), so as dat de Bedriev „Cambridge Analytica" naseggt wurr bi de Kör van de Präsidenten 2016 in Amerikaa (Lit. 10b).

Wi Minsken hebben vör mehr as hunnert Jahren Maschinen und Motoren utfunnen un hebben so uns minn Muskelkraft baldadig groter kregen; wi arbeiden vandaag mit „künstlicher Intelligenz (KI)" dat wi uns bekrumpen Denken baldadig gauer un groter maken. Daarin liggen noch neet offtosehn Kansen un Gefahren (Lit. 5b). „Künstliche Intelligenz" is – sünner Twiefel – en machtig, technisk Warktüg, um heel gau baldadig völ Körrelkes an Weten um uns to dör gadelk Anwiesen („Algorithmen") mitnanner to verbinnen un uns dat to 'n düdelker Bild to verklaren. So schieren wi, dat wi völ kumplizeerte Oflopen in uns Wirtschaft, Technik, un in uns Gesellskupp (mit 'n slanker Bürokratie) beter wahrschauen, beter planen un ok beter in 't Greep kriegen – haast nett so as wi nu mit Meten dat Weer wahrschauen könen. Man wi düren neet tolaten (waar dat ok wesen mag), dat de „künstliche Intelligenz" uns Minsken, mit all dat, wat wi kunddoon, uns all wieder uthört un noch mehr Baas over uns blifft. Ik bün leep bang, wenn wi dat tolaten, dann maken wi sülvst dis Warktüg to uns allwetend Tyrann. Dann smieten wi alls ruug weg, wat uns Minsken utmaakt un ewig utmaakt hett – so as uns Leevde, Trür, Freid, Benautheid, Vertroen, Twiefeln, Humor un vör alls uns Tosamenholt. So 'n allwetend, gröttsk Tyrann dürt uns neet to sien „Bessem" maken, mit de wi uns egen „Huus" na un na ofsupen laten (na Goethe, Der Zauberlehrling).

Politische Verführung

Viele Menschen lesen noch kaum mehr die Zeitung so wie wir früher, wo täglich die Nachrichten und Meinungen auf verschiedenen Seiten standen und wo beides von erfahrenen Journalisten geschrieben und geprüft wurde. Die Menschen bekommen heute von allen Seiten eine Flut an Neuigkeiten, Informationen, Nachrichten, Ansichten, Halbwahrheiten aber auch an unverschämten Hassreden aus den „sozialen Medien" – meist ganz schnell, ganz kurz, ganz bunt und ohne große Erklärung – auf ihren „smart-phones" präsentiert. Jeder kann seine eigenen Nachrichten, seine Meinung aber auch seine Lügen nach allen Seiten rausposaunen in unseren „sozialen Medien". Man könnte sagen, jeder macht heute seine eigene Zeitung und verschickt sie mit einem Klick überall hin und jeder macht sein eigenes Radio- oder Fernsehprogramm. Einige Menschen kommen sich in den „sozialen Medien" so bedeutend vor, wenn sie so viele neue Nachrichten, Bilder und Filme so schnell von überall her erhalten und sofort alles mit einem Klick – ohne nachzudenken – beurteilen und verurteilen dürfen. Viele Menschen müssen sich ständig mit anderen vergleichen oder haben ständig Angst, etwas zu verpassen, dass sie so übereifrig in den sozialen Medien unterwegs sein müssen. Etliche Menschen filmen sich ständig weltweit über die „sozialen Medien" und zeigen ihr Leben mit den neuesten käuflichen Modeartikeln von den schönsten Seiten. Einige Menschen verdienen damit viel Geld, wenn andere Menschen millionenfach zu ihnen aufschauen. Aber wenn immer mehr Menschen bei uns sich nur mit ihren schönsten Bildern oder – noch schlimmer – mit ihren radikalen oder hasserfüllten Standpunkten zeigen wollen, dann ziehen sich am Ende noch mehr Menschen in ihren schönen Blasen zurück und erreichen die anderen

Politisk Verföhren

Völ Volk leest haast neet mehr de Blattjes so as wi froher, waar de dagelk Narichten un Menen up verscheden Sieden stunnen un waar beids van künnige Bladdjeschrievers schreven un examineert wurren. De Lü kriegen vandaag van all Sieden en Flood van Neeis, Informationen, Narichten, Menen, Halvwahrheiden man ok dat unverschaamte Gereer van Haat ut de „soziale Medien" – meest heel gau, heel kört un heel bunt un sünner groot Verklaren – over hör „smart-phones" vörsett. Elk kann sien egen Narichten, sien Menen man ok sien Lögens na all Sieden rutposaunen in de „soziale Medien". Dürst wall seggen: elk maakt sück vandaag sien egen Bladdje un stürt de mit een Klick allerwegens hen un elk maakt sien egen Radio- of Fernsehprogramm. Wat Lü komen sück mit de „soziale Medien" so bedüdend vör, wenn se sovöl neei Biller un Films so gau van all Sieden tostürt kriegen un glieks alls mit 'n Klick – sünner natodenken – beoordelen of veroordelen düren. Völ Lü mutten sück allmanan mit annern verglieken of sünd alltied bang, wat to verpasen, dat de so brannerg in de „soziale Medien" unnerwegs wesen mutten. Wat Lü filmen sück van Mörgen bit Avend wereldwied over de „soziale Medien" un se wiesen hör Leven mit dat neeimoodste Tüg to Koop um sück to van de moiste Sieden. Wat Lü verdenen mit dat völ Geld, wenn anner Lü Millionen Maal bi hör umhoogkieken. Man wenn bi uns all noch mehr Lü blot noch hör mooiste Biller of – noch lepe – blot noch hör radikale Menen un Haat wiesen willen, dann treckt sück uplesd elk un een in sien moi Blaas torügg un raakt de annern

kaum noch. Diese Menschen wollen nur noch sich sehen und die anderen nur als ihre Anhänger („follower").

Ich fürchte, die Betreiber der sozialen Medien haben schon sehr gut herausgefunden, wie jeder einzelne eifrige Nutzer denkt, wenn er so eifrig in den sozialen Medien beschäftigt ist. Sie bringen gern Menschen mit gleichen Interessen als einen Kreis von „Freunden" zusammen, die sich dann stundenlang nur noch über ihre „smart-phones" austauschen. Währenddessen bekommen die neugierigen Betreiber immer mehr zu wissen über jeden einzelnen Nutzer. Besonders die Hasser mit ihren sehr radikalen Ansichten und die Populisten mit ihren passend selbstverfassten Lügen („alternative Fakten") können Leute mit anderer Meinung oder mit Widerspruch gar nicht in ihrer Umgebung dulden. Sie wollen ihr Leben und die Gesellschaft nur noch einfach und nur noch schwarz-weiß sehen. All das viele Grau aber auch das Bunte darin verwirrt die Hasser und die Populisten und dann werden viele noch rechthaberischer und wütender. Viele von ihnen fühlen sich dann auch verunsichert und verängstigt, weil sie dann schon „ihr" simples Weltbild einstürzen sehen. Andere Meinungen hören, Fragen, Widerspruch, Forschen und Zweifel zulassen und aushalten und ohne Aufregung und Rechthaberei von verschiedenen Seiten zusammen betrachten, was dran ist, das ist doch kein Zeichen von Schwäche; das ist Stärke und das ist fruchtbar. Der Wahrheit tut das keinen Abbruch, im Gegenteil, sie stärkt sich nach und nach daran. Aber in den sozialen Medien, in einem Kreis oder einer Blase von „Freunden" mit ähnlichen (radikalen) Ansichten fühlen sich solche Menschen besser respektiert, geschmeichelt und mächtiger. So soll sich jeder fühlen, dass er doch Recht hat und er sich gar nicht auseinanderzusetzen braucht, was andere Menschen meinen und wie andere Menschen mit ihrem Leben und mit ihrer Arbeit in unseren Gemeinschaften und Gesellschaften

bold neet mehr. Sückse Minsken willen blot noch sück sülvst sehn un de anner Lü blot noch as hör Tolopers („follower").

Ik bün bang, de Bedrievers van de „soziale Medien" hebben all good neeisgiert, wo elk un een denkt, wenn he so ieverg in de „soziale Medien" togang is. So brengen de „soziale Medien" leep geern Lü mit glieke Interessen dann as 'n Kring van „Frünnen" tosamen, de sück dann stündenlang blot noch over hör „smart-phones" schrieven. Unnerdes kriegen de neeisgierige Bedrievers noch mehr to weten over elk un een over sien „smart-phone". Besünners de Haters mit hör leep radikal Menen un de Moiproters mit hör moi vanpaß un sülvstmaakt Lögens, „alternative Fakten" willen Lü mit anner Menen of Tegenspraak heel neet um sück to hebben. Se willen hör Leven un de Gesellskupp blot noch eenfach un blot noch swart-witt sehn. All dat völ Grau man ok dat Bunte daartüsken maakt de Haters un de Moiproters verdwolen un dann worden völ noch mehr hebberecht un vergrellt. Bi so wat föhlen se sück ok unseker un benaut, wieldat se dann al „hör" simpel Sicht up d' Wereld instörten sehn. Anner Menen hören, Fragen, Tegenproot, Försken un Twiefel tolaten un uthollen un sünner Upregen un Rechthebberee van verscheden Kanten mitnanner beoogen, wat dran is, dat is doch kien Swackde, dat is Grötte un dat is früchtbaar. De Wahrheid deiht dat kien Ofbröck, in Tegendeel de Wahrheid starkt sück leverlaa daaran. Man in de „soziale Medien", in 'n Kring of Blaas van „Frünnen", de all gliek in hör (radikaal) Ansichten sünd, föhlen sück sückse Minsken mit Ehr andoon, fründjet un machtig. So sall elk un een sück föhlen, dat he doch Recht hett un he sück heel neet utnannersetten bruukt, wat anner Lü menen un wo anner Lü mit hör Leven un hör Arbeit in uns Gemeenskuppen un in uns Gesellskuppen

zurechtkommen. Aber so wächst in unserer Gesellschaft eine gefährliche Gleichgültigkeit, die die „sozialen Medien" weiter befeuern. Wenn Menschen nur noch in ihren „Blasen" oder in geschlossenen Foren diskutieren wollen, dann kann der Zusammenhalt in unserer Gesellschaft schnell brüchig werden (Lit. 17). Dann wollen wir auch Gefahren und Schwachstellen in unserer Gesellschaft nur einseitig betrachten. Aber zum Glück kann sich jeder in unserer Demokratie über alles aus verschiedenen, zuverlässigen Medien informieren und sich seine Meinung bilden und sollte dieselbe auch äußern. Zum Glück gibt es noch die Reporter und Journalisten, die allen Nachrichten sehr genau nachgehen.

Nur durch ihren Reichtum, ihre Immobilien oder ihre Macht fühlen sich etliche Menschen schon um einiges mehr „wert" als andere und so abgehoben, dass sie meinen, in den „sozialen Medien" ihr hinterhältiges Treiben und selbstherrliches Regieren und ihre gehässigen Lügen allen anderen Menschen überstülpen zu müssen. Sie können Rechenprogramme („social bots") anweisen, die bereits verbreitete Halbwahrheiten und die Lügen und den Hass noch unterstützen („liken") und rasanter unter viele Nutzer bringen (Lit. 8a u. 8b). So können radikale Ansichten sich in den „sozialen Medien" schnell mehrheitsfähig aufblähen. Solche Hasser und Spalter bleiben anonym; das ist gemein und feige; aber sie kommen sich gerade dadurch so überheblich vor und so rechthaberisch daher. Solche Hasser und Spalter müssen wir meiden, weil in solch einer Flut und in so einem Durcheinander an Kommentaren, Halbwahrheiten und Lügen schnell immer neue Lügen nachwachsen, die nur zu noch mehr Orientierungslosigkeit, Unsicherheit, Angst und Hass werden. Aber Angst, Unwahrheit, Hass und Zwietracht bleiben nicht nur in den „sozialen Medien". Sie kriechen ständig in und durch immer mehr Köpfe und sie verwirren uns und zerbröseln den Zusammenhalt in unseren Gemeinschaften und Gesellschaften. Und sie wollen gerade die Menschen

torechtkomen. Man so greit in uns Gesellskupp en heel gefahrelke Gliekgültigheid, de de „soziale Medien" so wieder anböten. Wenn Minsken alls blot noch in hör „Blasen" of Kringen mitnanner dörproten willen, dann kann de Tosamenholt in uns Gesellskupp gau mör worden (Lit. 17). Dann willen wi ok Gefahren un Swacksteden in uns Gesellskupp blot van een Sied bekieken. Man to 'n Glück kann sück elk un een in uns Demokratie over alls van völ Sieden toverlatig in 't Bild setten laten un sück sien Menen maken un de ok üttern. Man to 'n Glück gifft dat noch de Blattjeschrievers un Journalisten, de all Narichten heel akkeraat nagahn.

Blot dör hör Riekdom, Husen of Macht föhlen sück wat Lü al 'n heel Bült mehr „weert" as anner Lü un so gröttsk, dat se menen, dat se in de „soziale Medien" hör fünsk Aggeweren un heersk Regeren un hör haatsk Lögens all anner Lü andoon mutten. Se könen hör Rekenmaschinen anwiesen („social bots"), dat se de utspredd Halvwahrheiden, Lögens un Haat noch stönen („liken") un gauer unner de Lü brengen (Lit. 8a u.8b). So könen sück radikaal Menen in de „soziale Medien" gau to 'n Mehrheit upspölen. Sückse Haters un Klövers nömen hör Namen neet; dat is gemeen un fünsk, man se komen sück daarmit so grootsk un so hebberechtsk vör. Sückse Haters un Klövers mutten wi mieden, wieldat in so 'n Flood un in so 'n Dörnanner an Menen, Halvwahrheiden un Lögens leep gau noch mehr Lögens greien, ut de blot noch mehr Verdwelen, Unsekerheid, Benautheid un Haat worden. Man Benautheid, Unwahrheid, Haat un Stried blieven neet blot in de „soziale Medien"; se krupen stüttig in un dör mehr Koppen; se verdwelen uns un maken de Tosamenholt in uns Gemeenskuppen un Gesellskuppen mör. Un se willen jüst de Lü,

mürbe machen, die mit ihrem Eifer und aus ihrer Pflicht unsere Gesellschaft und uns in der Demokratie zusammenhalten wollen.

Demokratie ist weit mehr als eine Staatsform, in der wir als Volk unsere Volksvertreter anweisen, alle Hindernisse und allen Streit bezüglich unseres Zusammenlebens zu lösen. Demokratie ist viel mehr, als dass wir uns gemeinsam Recht und Gesetz geben, die wir für jede Herausforderung in der Zeit brauchen. Demokratie ist vor allem die Art und Weise, wie wir friedlich zusammenleben, zusammenarbeiten und wie wir zusammenhalten und wie wir respektvoll miteinander umgehen aber vor allem wie wir miteinander um den richtigen Weg streiten und uns danach einigen. So betrachtet ist Demokratie unsere Lebensform und das ist ein sehr wertvolles Gut, darauf muss jeder achten und aufpassen. Aber mehr als andere hat so eine freie Lebensform auch viele Verführer, die alle mehr Macht über uns bekommen wollen: die Populisten mit all ihren Verheißungen, die Autokraten mit all ihrer Großmannssucht, ihrer Machtfülle, ihren Geheimdiensten und Militärs und die weltweiten, mächtigen Informationskonzerne mit ihren Künsten uns zu verführen und auszuhorchen. Wir dürfen diese Lebensform „Demokratie" nicht gleichgültig aufs Spiel setzen und wir dürfen sie nicht verwahrlosen lassen, so wie wir eine Sache oder eine Pflanze verwahrlosen lassen. Wenn wir diese Lebensform verwahrlosen verlassen, dann sind wir bereits selbst verwahrlost! Ein frühes Anzeichen dieser Selbstverwahrlosung ist, wenn wir andere Menschen und deren Gemeinschaften nicht mehr achten und sie zurücklassen oder sie gar ausschließen (Lit. 18). Demokratien können Gesellschaften nur schwer zusammenhalten, in denen der wirtschaftliche Reichtum sehr ungleich verteilt ist und in denen die sozialen Aufstiegschancen sehr gering sind oder in denen zu viel Korruption, weltweit organisierte Verbrechen oder zu viele verlogenen Populisten polarisieren. „Alle Demokratien sind verwundbar, sie brauchen den Schutz einer intakten, breit informierten Öffentlichkeit" (Lit. 19).

mör maken, de mit hör Iever un ut hör Plicht uns Gemeenskuppen, uns Gesellskupp un uns in uns Demokratie tosamenhollen willen.

Demokratie is völ mehr as wo en Staat regeert word, in de wi as Volk uns Vertreder anwiesen all Hinner un Stried in uns Tosamenleven to lösen. Demokratie is völ mehr as dat wi tosamen uns gadelk Gesetz un Recht geven, de wi för all de Herutfördern in uns Tied bruken. Demokratie is vör alls de Aard und Wies, wo wi fredelk tosamenleven, tosamenarbeiden un tosamenhollen un wo wi uppassend mitnanner umgahn willen man vör alls wo wi mitnanner um de rechte Padd strieden un uns dann eenig worden. So beoogt is Demokratie de Aard und Wies, wo wi Leven willen. Un dat is 'n heel groot Good, daar mutt elk un een völ Acht upslaan un för uppassen. Man mehr as de annern hett so 'n freei Levensförm ok völ Verföhrers, de all geern mehr Macht over uns kriegen willen: de Moiproters mit all hör Beloven, de Diktatoren mit all hör Dickdooneree, hör völ Macht un hör Geheimdienste un Soldateree un de wereldwiede grootmachtige Informationskonzerne mit hör Künst uns to verföhren un uttohören. Disse freei Levensförm düren wi neet gliekgültig up Spöl setten, de düren wi neet verkomen laten, so as wi faken 'n Saak of 'n Gewass verkomen laten. Wenn wi disse freei Levensförm „Demokratie" verkomen laten, dann sünd wi sülvst al verkomen! En froh Teken van so 'n Verkomen is, wenn wi anner Minsken un de hör Gemeenskuppen nix mehr in 't Reken hebben willen un de torügglaten of sogaar utsluten (Lit. 18). Demokratien könen Gesellskuppen man heel schlecht tosamenhollen, in de de Riekdom leep unengaal verdeelt is un in de de arme Lü bolt kien Kans to faten kriegen, dat se beter up Kluten komen of in Gesellskuppen in de tovöl Lü sück bekopen laten of in de dat tovöl wereldwiede Verbrekers gifft of in de tovöl verlogen Moiproters un verlogen Grootsnuten uphissen willen. „All Demokratien sünd licht to besehren, se bruken völ Bemöten van all Volk dat nümig un informeert is" (Lit. 19).

Chancen durch Digitalisierung

Ich denke, nun habe ich genug über viele der Gefahren berichtet und die heimliche Verführung erklärt, die die Digitalisierung, die sozialen Medien und die künstliche Intelligenz mit sich bringen können. Aber selbstverständlich können die sozialen Medien unseren Zusammenhalt stärken. Mit mehr digitaler Sicherheit (und weniger Ausspähen und Verwirren) können wir sie als Werkzeug zum Guten akzeptieren aber wir müssen sie dann auch breiter anwenden wollen; dann können wir uns zukünftig untereinander sicherer austauschen und unsere guten Kontakte besser pflegen und neue gewinnen. Mit den „sozialen Medien" können die Menschen auch auf Missstände und Unfrieden hinweisen und dagegen abgestimmt und gemeinsam vorgehen; egal, ob es um die freiheitlichen Demonstrationen in Kiew, Honkong, Minsk usw. ging oder ob es darum geht, wie wir bei uns besser im Alltag (z. B. mit Corona) zurechtkommen. Man denke auch an die Bilder aus den „sozialen Medien", die eine große Solidarität mit den Ukrainern nach dem Überfall in Europa auslösten.

Gerade Corona hat uns gezeigt, wie schwach unsere Schulen digitalisiert sind und wie wenig wir uns bemühen, dass die Digitalisierung in unsere mehr und mehr überforderte Bürokratie eindringt. Wir werden den mächtigen Betreibern der digitalen Plattformen in Amerika und China mehr digitale Sicherheit abverlangen müssen (Lit. 20). Auch der Vergleich mit anderen Ländern zeigt, wie schwach in Deutschland die Digitalisierung ausgeprägt ist und dass wir (jeder einzelne und wir alle als Gemeinschaft) beitragen müssen mit (sicherer) Digitalisierung stärker und mutiger voranzukommen, so wie wir das in unseren Fabriken und im Versandwesen m. E.

Kansen dör Digitalisierung

Ik löv, nu hebb ik genoog over völ van de Gefahren vertellt un all de stillkens Verföhren verklaart, de „Digitalisierung, soziale Medien un künstliche Intelligenz" mit sück brengen kunnen. Man heel seker könen de „soziale Medien" uns Minsken ok uns Tosamenholt starken. Mit mehr Sekerheid (un minner Uthören un Dörnannerbrengen) könen wi de ok as 'n Warktüg to 'n Goden annehmen averst wi mutten de dann ok breeder anwennen willen; dann könen wi uns ok in Tokummst sekerder uttusken un beter mitnanner bekennt blieven un ok neeis bekennt worden mit völ anner Lü. Mit de „soziale Medien" könen de Minsken ok up mennig övel Tostand un Untofree wiesen un mitnanner topaß brengen, wo wi daartegen angahn; nettglieks, of dat de Demonstrationen för politisk Freeiheid in Kiew, Honkong, Minsk usw. sünd un of dat bi uns daarum geiht, wo wi beter in uns Olldag (to 'n Bispill mit Corona) torechtkomen. Denk doch ok an de Biller in de „soziale Medien", de en groot Tosammenholt mit dat Volk van Ukraine na de Krieg tostahn brocht hebben.

Jüst Corona hett uns wesen, wo swack de „Digitalisierung" noch in uns Scholen is un wo minn Meite wi uns maken, dat de „Digitalisierung" bi uns in uns Amten raakt, de d'r bolt neet mehr tegenan könen. Wat de „Digitalisierung" angeiht, daar mutten wi noch mehr Sekerheid van de machtige Bedrievers in Amerika un China ofdwingen (Lit. 20). Ok wenn wi uns mit anner Lanne verglieken, dann sücht man wo minn wi in Dütskland mit de „Digitalisierung" vörankomen sünd. Wi (elk un een un wi as Gemeenskupp) mutten uns för (sekerde) Digitalisierung mehr insetten un driester vörutgahn, so as wi dat nu al in uns Fabriken un bi dat Verstüren van Reev (na mien Menen)

schon ganz gut schaffen. Aber vieles, was wir über verschiedene Behörden hinweg noch mit Formularen und mit immer mehr Zeit genehmigen, beantragen und kontrollieren lassen müssen, könnten wir in Zukunft auch durch passendere und sichere Anwendungen („Apps") von unseren „smart-phones" aus schneller erledigen. Mit sicherer Digitalisierung können wir viele Alltagsgeschäfte, z. B. mit der Bank (online-banking), sicher regeln. Während der Corona-Pandemie als viele Geschäfte, Schulen und Firmen nicht geöffnet waren, konnten wir mit den „smart-phones" fast alles bestellen und uns liefern lassen. Und es konnten – wo immer möglich – die Lehrer unsere Kinder zu Hause unterrichten. Viele Angestellte können ihre Arbeiten, Dienste und Besprechungen von überall über den Computer durchführen und das Ergebnis an andere Computer oder Kollegen weiterleiten („home-office"). Sichere Digitalisierung wird unsere Kommunikation und das Miteinander in der Gesellschaft stark verändern. Aber sichere Digitalisierung dürfen wir uns nicht nur versprechen lassen; auch jeder einzelne Nutzer (ob jung, ob alt) muss sich fortwährend darum bemühen und Bescheid wissen, wie er sich und seine digitalen Gerätschaften vor den Gefahren aus dem Netz und aus den „sozialen Medien" schützt. Nur dann vollzieht sich der notwendige, digitale Wandel tiefgreifend und zum Nutzen aller in unserer Gesellschaft. Noch ist der Mensch das schwache Glied in der Datensicherheit!

In dieser Hinsicht wächst auch mein Vertrauen in die sozialen Medien. Wenn wir wollten, könnten wir mit sicheren IT-Technologien den ganzen Ablauf unserer Arbeiten an allen Produkten und Dienstleistungen sehr detailliert aufzeichnen und offenlegen: von den Rohstoffen bis zum jeweils fertigen Produkt und wo und wie letzteres produziert, finanziert, gehandelt, geliefert und verkauft wird und wo es verschrottet und aufgearbeitet wird. So könnten wir all den Leerlauf, die Doppelarbeit, den Verschleiß, die Produktfälschungen, die Betrügereien, die Störungen

al good könen. Völs wat wi over verscheden Amten noch mit Formularen un mit stüttig mehr Tied genehmigen, beandragen un kuntrulleren laten mutten, kunnen wi in Tokummst ok dör gadelk un seker Anwennen („Apps") up uns „smart-phones" gauer rieken. Mit sekerde Digitalisierung könen wi völ van uns ollwennt Böskuppen – so as mit de Bank („online banking") – seker up de Rieg kriegen. In de Corona-Tied – as völ Bedrieven, Scholen un Fabriken schloten wassen – kunnen wi mit uns „smart-phones" bolt alls bestellen un uns levern laten un – waar dat gung – kunnen de Mesters uns Kinner in uns Husen unnerrichten. Völ Lü könen all hör Arbeiden, Dennsten un Bespreken van overall her mit hör Computers maken un dat Ergebnis könen se na anner Computer un Minsken henstüren. Sekerde Digitalisierung verannert wo wi mitnanner proten un wo wi mitnanner umgahn in uns Gesellskupp. Averst sekerde Digitalisierung düren wi uns neet bloot verspreken laten; ok elk un een (of jung of old) mutt sück alltied de Meite maken un Bescheed weten, wo he sück süvst un sien Gereedskuppen vör de Gefahren bewahrt, de ut de Nett un ut de soziale Medien komen. Noch is de Minsk de swacke Lidd in de Sekerheid för de Daten! Blot dann kriegen wi dat mit de nöddige, digitale Wannel in uns Gesellskupp best up Rieg to uns all Nütt.

In dis Belang, word ok mien Vertroen in de „soziale Medien" groter. Wenn wi wullen, kunnen wi mit sekerde Digitalisierung de kumpleet Ofloop van uns Arbeiden an all Produkten un Dennsten up 't Fienste upteken un openleggen: van de Rohstoffen hento elke kant un klaar Produkt un waar un wo de produzeert, finanzeert, handelt, levert un verköfft word un waar de weer to Ofgefall un uparbeit word. So kunnen wi all de Leegloop, dübbelt Wark, Slietaasje, de namaakt Produkte (Plagiate), de Bedregeree, de Stören

und die Spekulation entlang der Wertschöpfung erkennen und reduzieren. So bekämen wir klar der Reihe nach zu sehen, wer, was, woran verdient und wo es nicht nachhaltig und fair abläuft. Aber so transparent wollen das viele der großen Konzerne mit ihren weltweiten Liefer- und Handelsketten noch nicht offenlegen. Aber nur so könnten die Menschen in den ärmeren Gegenden auch ihren gerechten Lohn für ihre Arbeit bekommen.

Die künstliche Intelligenz kann noch mehr: Menschen mit unterschiedlichen Sprachen können sich austauschen und so besser kennenlernen, wenn das die autoritären Regierungen nur zulassen würden. Ein Computer kann das, was ich auf Deutsch sage, sofort ins Chinesische übersetzen und aussprechen und schreiben lassen und umgekehrt. Aber deswegen ist der Computer nicht „klug", er kann nur das und weiß nicht, was China ist und für uns bedeutet.

Es war mir beim Schreiben dieses Buches schon sehr hilfreich, dass ich bei „Google" und in anderen Suchmaschinen im Internet anfragen konnte, wenn ich über ein Detail nicht so genau Bescheid wusste. So konnte ich mir selbst vorab ein besseres Bild machen, wie dieses Detail mit anderen zusammenhängen könnte. Wenn ich früher so etwas wissen wollte, musste ich erst das passende Buch finden und zu den Seiten vorstoßen, die mich interessierten. Das war umständlich, das geht heute viel schneller im Internet.

un dat Spekuleren in all de Oflopen gewahr worden un minnern. So kregen wi klaar to sehn, well, wat, waaran verdeent un waar dat neet de Rieg weg süver un rejaal oflöppt. Man so open willen dat völ van de grote Konzerne mit hör wereldwiede „Liefer- und Handelsketten" noch neet kunddoon. Man blot so kunnen de Lü in armer Kuntreien ok de Lohn kriegen, de hör tosteiht, för hör Wark.

De „künstliche Intelligenz" geiht noch wieder: Minsken mit verscheden Taal könen sück uttuusken un beter kennenlehren, wenn ok de hör autoritäre Regeren dat man blot tolaten wullen. En Computer kann dat, wat ik up Dütsk segg, glieks in Chinesisch oversetten un seggen un schrieven laten un annersum. Man um dat is de Computer neet „klook", he kann ok blot dat un weet neet wat China is un för uns bedüdd.

Dat weer mi bi 't Schrieven van dis Book al 'n groot Hülpe, dat ik bi „Google" of bi anner Sökmaschinen in „Internet" nafragen kunn, wenn ik over wat Besünners neet so völ Künn harr. So kunn ik mi vöröf al en beter Bild maken, wo dat wall all tosamenhangen kunn. Wenn ik froher wat weten wull, muß ik eerstmaal en Book vanpaß finnen un na de Sieden bladern, de mi interesserden. Dat weer en heel Gedoo, dat geiht vandaag völ gauer mit Internet.

Besseres Leben durch Globalisierung

„Globalisierung" und „Multilateralismus", so nennt man es, wie die ganze Welt zusammenarbeitet: jedes Volk macht das, was es am besten kann und womit es das meiste Geld verdient. Um so ein Machwerk in Gang zu halten, muss man genau wissen was, wo und wann genau hergestellt und geliefert wird. All die weltumspannenden Ketten (Liefer-, Wertschöpfungs-, Finanzierungs- und Handelsketten) – an die wir gebunden sind und denen wir vertrauen – müssen grad so wie Zahnräder im Uhrwerk passgenau ineinandergreifen, dann läuft es sauber und rund. Bezahlt wird in den großen Währungen Euro, Dollar und Yuan. Aber die mächtigste Währung in diesem Machwerk „Globalisierung" ist das weltweite Vertrauen in die festgelegten Regeln und die Verantwortung eines Jeden für das ganze Machwerk. Aber diese Regeln sind kein eisernes Naturgesetz. Sie sind von und für Menschen und Staaten gemacht und müssen weltweit möglichst vielen Menschen und Staaten nützlich sein (Lit. 21). Die Globalisierung ist weit fortgeschritten und hat auch sehr viel Wohlstand gebracht, besonders in den reicheren Ländern und bei uns, wo so viel weltweit exportiert wird. Früher wurde das Halbzeug, das nötig war, um ein Produkt in einer Fabrik herzustellen, dort von einer Bearbeitung zur anderen transportiert. Heute spielen bei noch billigen Transportkosten in Containern die Entfernungen kaum eine Rolle mehr. Früher reichte das Marktrecht genau so weit wie das Recht der Stadt oder des Landes galt. Heute ist die ganze Welt zugleich eine große Fabrik, ein großer Markt und ein großes Finanzhaus. China wuchs – auch mit unserer Hilfe – von einer großen Werkbank zur selbstbewussten Weltmacht (das müssen wir eingestehen) und hat viele seiner Bewohner sehr schnell aus großer Armut gerissen. China braucht wirtschaftliches Wachstum für den Zusammenhalt seines Volkes, dem aber die Demokratie versagt bleibt.

Beter Leven dör Globalisierung

„Globalisierung" un „Multilateralismus" nömt man dat, wo de heele Wereld tosamenarbeit: elk Volk maakt dat, wat he am besten kann un waar he dat meeste Geld mit verdenen kann. Um so 'n Weeswark in Gang to hollen, mutt man genau weten, wat, waar un wenn maakt un levert word. All de wereldwiede Ketten (so nömt as „Liefer-, Wertschöpfungs-, Finanzierungs- un Handelsketten") – an de wi bunnen sünd un de wi troen – de mutten nett as Kammraden in 'n Uhrwark moi vanpaß innannerergriepen, dann löppt dat süver un rund. Betahlt word in de grote Währungen Euro, Dollar of Yen. Man de machtigste Währung in dat Weeswark „Globalisierung" is dat wereldwied Vertroen in de ofmaakt Örders un elk sien Verantwoorden för dat heele Weeswark. Man disse Örders sünd kien iesdern Naturgesetz! Se sünd van uns för Minsken un för Lanne maakt un mutten all Minsken un Lanne to 'n Nütt wesen (Lit. 21). Globalisierung is wied vörutkomen un hett ok heel völ Wohlstand brocht, besünners in de rieke Lanne so as bi uns, waar so völ wereldwied exporteert word. Froher wurr all Halvtüg – wat um een Produkt to bearbeiden nödig was – in de Fabrik van een Hook na de anner brocht. Vandaag kann 't ok bi de minn Kosten dör de Transport in Container noch so wied ofgelegen wesen. Froher riekde dat Marktrecht nett so wied as dat Recht van Stadt of Land gull. Vandaag is de heel Wereld een groot Fabrik, een groot Markt un ok een groot Bank. China greide – ok mit uns Hülpe – van en groot Warkbank to en Wereldmacht, de d'r nu wall wesen dürt (daar komen wi neet umto). Un China hett völ van sien Volk heel gau to groot Elend rutreten. China bruukt wirtschaftlik stüttig mehr Grei för de Tosamenholt van sien Volk, man günnt de kien Demokratie.

Auch die Vereinigten Staaten stehen m. E. vor einem Wandel: von der das weiße Volk prägenden Gesellschaft zu dem Einfluss anderer Ethnien, von dem festen Vertrauen in die lebendige Demokratie zum hartnäckigen Verbleiben in verschiedenen Blasen und Parteien. Vor allem in dem Wandel zwischen sehr reich, reich und arm spaltet sich die Gesellschaft in Nordamerika immer tiefer und verliert Zusammenhalt. Das ist sehr bedauerlich aber auch gefährlich. Alle Länder in Europa konnten auch nach zwei schrecklichen Kriegen und einigen diktatorischen Systemen sehr lange (bis zum Überfall auf die Ukraine) nicht verstehen, dass sie durch etwas mehr Einigkeit und Zusammenhalt sich selbst und Europa viel mächtiger machen könnten. Die Autokraten nutzen alle feinen Ängste und Schwächen in den freien Gesellschaften Europas erbarmungslos aus. Sie belügen uns und spalten unsere Demokratien, um ihre Macht zu vergrößern. Ein uneiniges Europa wird stets nur ein Wirtschaftsraum und Absatzmarkt (eine „Ladentheke") sein und politisch wird es unbedeutend bleiben. Vor zwei hundert Jahren haben die Großmächte mit Gewalt das Opium nach Ostasien gebracht und damit die Menschen dort abhängig gemacht und geschwächt. Mir scheint, bis vor dem Ukraine-Krieg war es umgekehrt: mit dem Überschwang an billigen Konsumartikeln von dort drüben ließen wir uns allzu gerne bedienen und auch ablenken von den zukünftigen Herausforderungen.

Alles, was die Herstellung eines Produktes betrifft (von den Rohstoffen, über die Halbzeuge bis zum fertigen Produkt), wird ein paarmal um die ganze Welt geschifft. Auch Ackerland muss nicht mehr nahe am Hof liegen, wenn ich an die Soja denke, die wir von anderswo zukaufen und an unsere Tiere verfüttern (und die danach als Gülle und damit auch als zusätzliches Nitrat bei uns auf die Felder gelangt). Die verschiedenen Arbeitsanteile an einem Produkt oder an einer Dienstleistung werden dort gemacht, wo es am billigsten geht und das ist nicht immer bei uns. Kluge Menschen für all die Arbeiten sucht und

Ok Noordamerika geiht (na mien Menen) en Wannel tomöt: van dat Volk mit witte Klör na all dat Volks mit anner Klör, van de faste Toverlaat in Demokratie na 'n diesig Verblieven in hör verscheden Blasen un Parteien. To allereerst in de Wannel van heel riek, riek un arm klövt Noordamerika all deeper un de Gesellskupp verlüst Tosamenholt. Dat is spietelk man ok leep gefahrelk. All de Lanne in Europa kunnen ok na twee schrickelke Kriegen un 'n Stück of wat grootsnuterge Regeren 'n heel Sett (bit hento de Krieg in Ukraine) neet begriepen, dat se sück sülvst un Europa völ machtiger maken kunnen mit 'n Bietje mehr Eendracht un Tosamenholt. De Grootsnuten maken sück all de fiene Reten un Swackden in uns freei Gesellskuppen in Europa to Nütt sünner Erbarmen. Se belegen uns un klöven uns Demokratien, blot dat se noch mehr Macht kriegen. En uneens Europa is man alltied blot 'n groot Wirtschaft un blifft 'n groot „Tönbank" un is politisk neet van Bedüden. Vör twee hunnert Jahren hebben de Grootmachten Opium na Oostasien brocht un de Lü daar günners unner Dwang ofhangig un swack maakt. Ik denk, bit vör de Krieg in Ukraine was dat annersum: mit de Overdaad an all dat billig Tüg van daar günners leeten wi uns leep geern bedenen un uns ok oflenken van de neei Herutfördern.

All, wat dat Maken van en Produkt angeiht (van all de Rohstoffen over de Halvtügen hento dat kant un klaar Produkt), word nu 'n paar Maal over d' heel Wereld seilt. Un ok Ackerland bruukt neet mehr stuuv bi 't Plaatse liggen, wenn ik an de Soja denk, de wi van heel annerswaar her tokopen un an uns Deren foren (un de dann as Jier un so ok as „Nitrat" bovendeem bi uns up 't Land raakt). De verscheden Andelen an Arbeit för en Produkt of för en Dennst worden daar maakt, waar 't am billigsten geiht un dat is nich alltied bi uns. Kloke Lü för all de Arbeit söcht un

findet man weltweit und nicht nur bei uns. Auch in Deutschland mussten wir uns stark spezialisieren – fast schon über unsere Maßen; aber nur so finden viele unserer Maschinen und Autos noch auf der ganzen Welt genügend Käufer und nicht mehr nur bei uns und in Europa. Alle unsere Produkte und Dienstleistungen müssen so viel besser sein als die anderen, dass sie weltweit Käufer finden und Menschen bei uns in Arbeit halten und so bei uns Steuern eingenommen werden, damit es sich in unserer Gesellschaft gut leben lässt. Als aber die Corona-Pandemie ausbrach, da gab es gelegentlich Stillstand in der Wirtschaft und im Handel. Viele Produkte, Halbzeuge und Rohstoffe waren kaum mehr lieferbar und wurden deutlich teurer. Aber Stillstand ist Gift für das weltweite Wirtschaften. Schon in der Coronazeit und mehr noch nach dem Überfall auf die Ukraine haben wir gesehen, wie fatal abhängig wir uns mit den wichtigen Rohstoffen Öl und Gas von Russland haben machen lassen und wie zerbrechlich unser großer Wohlstand ist in seiner weltweiten Abhängigkeit durch die Globalisierung (Lit. 22). Die Ketten (z. B. Lieferketten), von denen wir dachten, sie könnten uns weltweit genau und verlässlich („just in time") mit allen Gewerken verbinden, wurden auch zu unseren Fesseln und lösten Spekulationen aus. Diese leidvolle Erfahrung wird die Globalisierung in Zukunft sicher verändern (Lit. 21 u. Lit. 55).

Vor dreißig Jahren ging der gefährliche Wettstreit zwischen den beiden Systemen – dem Kapitalismus mit freien Märkten und dem Kommunismus mit der Planwirtschaft – plötzlich zu Ende, der uns zuvor lange genug bedroht hatte. Viele glaubten damals, die Bedrohung durch die vielen tödlichen Atomwaffen wären wir endlich los und die großmächtigen Autokraten würden in der neuen Welt kaum einen Halt mehr finden. Aber sie sind wieder da und wollen uns wieder bedrohen, Angst machen und uns beherrschen. Viele glaubten damals nur noch an die immense Kraft und den Zauber und die Verführung der freien Märkte

finnt man wereldwied un neet blot bi uns. Ok in Dütskland mußen wi uns machtig spezialiseren – al bold over uns Maten; man blot so finnen völs van uns Maschinen un Autos noch up de heele Wereld genoog Kopers un neet mehr blot bi uns un in Europa. Man all uns Produkten un Dennsten mutten so völ beter wesen as de annern, dat se wereldwied Verkoop finnen un Lü bi uns in Arbeit hollen un bi uns Stüren inböhrt worden, updat sück dat in uns Gesellskup good leven lett. Man as de Corona-Sükde de wereldwied utbrook, do was of un to Stillstand in uns Wirtschaft un Hannel. Völ Produkten, Halftügen un Rohstoffe kunnen bold neet mehr levert worden un wurren völ dürer. Man Stillstand is Gift vör dat wereldwiede Wirtschaften. Al in de Corona-Tied un noch mehr na de Overfall in Ukraine hebben wi sehn, wo leep wi uns al an de bedüdend Rohstoffe Gas un Ölje ut Russland bunnen harren un wo sprockelk uns groot Wohlstand is mit all sien wereldwiede Ofhangen dör Globalisierung (Lit. 22). De Ketten (so as Lieferketten), van de wi dochen, dat se uns wereldwied mit all Weeswarken genau un verlaatig verbinnen kunnen, wurren ok to uns Spanntauen of dat Spekuleren gung an. Dis bitter Unnerfinnen sall dat wereldwiede Tosamenarbeiten in Tokummst seker wall verannern (Lit. 21 u. Lit. 55).

Vör dartig Jahren gung de gefahrelk Weddstried tüsken de beid Systeme – de Kapitalismus mit de freei Markten un de Kommunismus mit de Planwirtschaft – unverwachts to 'n End, de uns vördem lang genoog boven Kopp hungen harr. Völ Lü lövden domaals, dat wi de Bedwang van de leep völ doodbrengende Atomwapens dadelk quiet weern und dat de leep grootmachtige Gewalthebbers haast kien fast Stee mehr finnen muchen up de Wereld. Man se sünd weer daar un hollen hör Fusten unner uns Nösen, willen uns benaut maken un Baas over uns wesen. Völ Lü lövden domaals blot noch an de baldadig grote Macht un de Töver un de Verföhren van de freei Markten

mit all ihren Möglichkeiten. „Wenn jeder für sich sorgt, ist für alle gesorgt".
„Jeder kann alles bestens für sich allein richten, schon von seinem Computer
oder 'smart-phone' aus", so wurden wir begeistert, aber so wurden wir auch
vereinzelt und verloren mehr an Zusammenhalt. Viele Staaten
verschlankten ihre Verantwortungen, weil der Eigennutz und der
Kapitalismus überlegen waren und die allein sollten alles richten. Einige
Menschen konnten den Hals nicht voll genug bekommen: alles noch billiger,
alles noch schneller und von allem noch mehr und noch raffgieriger nach
allen Seiten; just da, wo man aus Geld noch mehr Geld schneiden konnte.
Profite und Renditen auf immer neue Kredite und auf Kapital und auf
Investitionen wurden oft so hoch, dass diese nur noch mit Zerstörung,
Betrug, Zerrüttung und Zerschlagung zu erreichen waren. Unsere
Gemeinden haben viele ihrer Pflichten privatisiert (wie Wohnen, Trink- und
Abwasser, Müll, Gesundheit, Energieversorgung, Post, Altenpflege usw.);
alle Staaten gaben den Märkten mehr Rechte (Deregulierung). Auch unsere
Arbeit hat sich in den letzten dreißig Jahren mächtig verändert. Unsere
Arbeitslöhne gerieten im Wettbewerb mit denen auf der ganzen Welt. Sehr
viel Arbeit wurde automatisiert und mit geringeren Kosten nach außen
verlagert (Leiharbeit, Solo- und Subunternehmen, start-ups, spin-offs). Im
Osten Deutschlands brach nach der Wende sehr viel Arbeit und Gemeinsinn
weg. Viele Produkte, wie PC-Computer, Solarpanelen für unsere Dächer,
Akkumulatoren für die neuen elektrisch angetriebenen Fahrzeuge aber auch
schon Medikamente und Impfstoffe werden als Folge der weltweiten
arbeitsteiligen Spezialisierung kaum noch in Deutschland und in Europa
hergestellt (anderswo geht es billiger). Dabei ging auch viel an Wissen
verloren.

Organisationen, die Zusammenhalt in unserer Arbeit fördern, verlieren
an Bedeutung (wie Gewerkschaften, Genossenschaften, WTO usw.). Unsere
Betriebe müssen ihre Produkte an einen unbeständigen Weltmarkt, an
zerbrechliche Lieferketten, an weltweit niedrigere Löhne, an immer neue
Zölle und an wechselnde

mit all hör Kansen. „Wenn elk för sück sörgt, is för all sörgt." „Elk kann 't all best alleen richten, blot mit sien Computer of sien 'smart-phone'", so wurren wi Für un Flamm, aberst so wurren wi ok verenkelt un verloren mehr an Tosamenholt. Völ Staaten deen völ van hör Verantworden bekörten, Egennütt un Kapitalismus wassen bovenup un de alleen sullen 't all richten. Wat Lü kunnen hör Hals neet vull genoog kriegen: alls noch billiger, alls noch gauer, alls noch mehr un noch ropperger van all Sieden d'r bilangs; jüst daar, waar man ut Geld noch mehr Geld maken kunn. Profite un Renditen up stüttig neei Schülden, up Kapital un Investitionen wassen faken so hoch, dat de blot noch mit Vernelen, Bedregen, Dörnannerjagen und Körthauen to schieren wassen. Ok uns Arbeit hett sück in de verleden 30 Jahren baldadig verannert: uns Gemenen hebben völ van hör Plichten in Privathand geven (so as Wohnen, Drink- un Ofwater, Ofgefall, Gesundheit, Energie, Post, Plege, van de Ollerden usw.); all Staaten gaffen de Markten mehr Rechte („Deregulierung"). Ok uns Arbeit hett sück in de verleden dartig Jahren leep verannert. Uns Verdennsten in Arbeit rakden in Weddstried mit de heel Wereld; heel völ Arbeit wurr automatiseert of mit minner Kosten na buten utsett (Leiharbeit, Solo- un Subunternehmen, start-ups, spin-offs). In Oosten van Dütskland brook na de Wannel heel völ Arbeit un Tosamenholt weg. Völ Produkten – so as Computer för 't Volk un de Platten för Sünnenenergie up uns Daken, de Batterien för uns neei elektrisk andreven Fahrtügen man ok al Medikamente un Impfstoffe – worden in Dütskland un Europa bi all dat wereldwiede Spezialiseren bold neet mehr maakt (annerswaar geiht dat billiger). Daarbi gung ok völ Weten verloren.

Organisationen de Tosamenholt in uns Arbeit uphelpen, verlesen an Bedüden (so as Bedrievsraden, Gewerkschaften, Genossen-schaften, WTO usw.). Uns Bedrieven mutten hör Produkten an en luunske Wereldmarkt, an wereldwied minner Löhn, an sprockelk „Lieferketten", an stüttig neei Toll un an anner

Kunden anpassen. Viele Menschen bei uns können schon nicht mehr von dem Geld leben, das sie mit ihrer Arbeit verdienen; sie haben Angst noch weiter abzustürzen. Sie verstehen nicht, dass weltweit mehr Geld um mehr neue Kredite, um das Anlegen von Geld mit immer neuen Versprechen und um das Spekulieren mit Vermögenswerten und Rohstoffen (wie Öl, Firmen, Immobilien, Wasser, Getreide und vieles mehr) kreist als mit der Arbeit verdient wird (Finanzkapitalismus) (Lit. 23 u. 49).

All das hat dazu geführt, dass die Arbeit den arbeitenden Menschen kaum mehr Wohlstand gebracht hat und dass das weltweite Wirtschaften krisenanfälliger geworden ist. Globalisierung hat weltweit mehr Wohlstand gebracht mit immer billigeren Produkten, die wir bei uns nie so billig hätten herstellen können. Globalisierung hat den „Kuchen" größer gemacht, aber der wird sehr ungerecht verteilt. Den größten Anteil daran hatten sich die ganz mächtigen Betreiber und die großen Firmen von vornherein gesichert. Aber viele von ihnen werden m. E. weltweit viel zu wenig besteuert (u. a. nicht mit Digital- und Finanztransaktionssteuern oder Steuern auf sehr große Vermögen), obwohl wir Verbraucher solche Firmen erst stark gemacht haben. Aber da trauen sich die nationalen Politiker nicht ran und sind sich weltweit auch zu uneinig und zu schwach.

In einem Laden kostet mein Oberhemd mehr als 50 Euro, die Näherin in Indien erhält davon weniger als 50 Cent (Lit. 24 u. 43). Noch viel weniger bekommen die Menschen, die Baumwolle anpflanzen und pflücken und zu Wolle spinnen und färben; alles schwere Arbeiten, die bei uns kaum jemand mehr verrichten will. Ich weiß schon, mit meinem Oberhemd trage ich schon sehr viel Ungerechtigkeit vor mir her. Der Handel schreit auf: „So ein Profit steht uns zu, sonst können wir hier bei uns nicht überleben!" Und viele Anwälte rechtfertigen sich: „Um den konsumbasierten Wohlstand bei uns so groß zu halten und noch wachsen zu lassen,

Kunnen anpassen. Völ Lü bi uns könen al neet mehr van dat Geld leven, wat se mit hör Arbeit verdenen; se sünd bang noch wieder oftostörten. Se begriepen neet, dat wereldwied mehr Geld um stüttig mehr Schülden, um dat Anleggen van Geld un um dat Wedden up Vermögenswerte kreist (so as Ölje, Firmen, Husen, Koorn un anners mehr) as mit Arbeit verdeent word (Finanzkapitalismus) (Lit. 23 u. 49).

All dat hett daarto föhrt, dat Arbeit neet völ mehr Wohlstand to all de Lü in Arbeit un Dennst brocht hett un dat dat wereldwiede Wirtschaften unsekerder worden is. Globalisierung hett wereldwied mehr Wohlstand brocht, mit billiger Produkten, de wi bi uns nooit harren so billig maken kunnt. Globalisierung hett de „Kook" groter maakt, man de word leep ungerecht verdeelt. De grootste Part daarvan harren sück van vörnherin al de heel machtige Bedrievers un Firmen sekert. Man völ van de Firmen worden na mien Menen wereldwied völsto minn bestürt (so as mit Finanztransaktions- un Digitalstüren of Stüren up heel grote Vermögen); ok wenn wi as Verbrukers de Firmen stüttig hebben greien laten. Man daar troen sück de nationale Politiker neet ran un sünd sück wereldwied ok to uneens un to minnmachtig.

In 'n Laden köst mien Bovenhemd mehr as 50 Euro, de Naihsterske in Indien kriggt daarvan minner as 50 Cent (Lit. 24 u. 43). Noch völ minner kriegen de Lü, de Boomwull planten un plücken un to Kattuun spinnen un farven; all de stur Arbeiden, de bi uns bolt nüms mehr doon will. Ik mark wall, mit mien Bovenhemd draag ik ok al en groot Deel Ungerechtigheid vör mi her. De Handel reert: „So 'n Verdennst steiht uns to, anners könen wi hier bi uns neet overleven!" Un völ Avkaten brengen daartegen vör: „Um de Wohlstand bi uns so groot to hollen un noch greien to laten,

haben wir unsere Wirtschaft weltweit mit viel Mühe vernetzt und uns in 'Freihandelsverträgen' vertraglich gut abgesichert, einschließlich all der weltweiten Lieferketten." Viele Populisten und Autokraten äußern sich zynisch und herrisch: „Die Leute dahinten, die für uns nähen, pflanzen und ernten und in der Erde graben, können doch dankbar sein, dass wir an ihren Rohstoffen interessiert sind und sie sollen sich doch – wie in der Vergangenheit – mit einem Teller voll Reis zufriedengeben. Aber wenn diese Völker hier zu uns kommen wollen, dann fressen sie uns unseren Wohlstand kahl. Dann erhöhen wir unsere Mauern, dann zäunen wir unser Land ein mit Stacheldraht und wir sehen gleichgültig zu, dass die Flüchtlinge auf den Meeren ertrinken, das wird die anderen schon davon abhalten nachzukommen." Ich meine, wir leben hier bei uns nicht alle über unsere Verhältnisse, aber wir leben sehr wohl über die Verhältnisse von Menschen aus ärmeren Gegenden, die für unseren ständig wachsenden Wohlstand bei sehr viel geringerem Lohn hart schuften müssen. Diesen Menschen gönnen wir noch zu wenig Chancen und zu wenig Hilfe und aufrichtigen Rat, sodass sie in Zukunft von ihrer eigenen Wirtschaft werden leben können und sie nicht wie früher als „Kolonialknechte" uns nur alles billig liefern mussten. Durch große Konzerne und mit den korrupten Regierungen rauben die reichen Länder die ärmeren Länder zunehmend aus mit unserem Hunger nach ihrem Land und ihren Rohstoffen. Und hinterhältig schicken wir einen Teil unseres Abfalls als „Wertstoff" nach Afrika oder Asien, aber investieren dort so gut nichts in „Recycling" (Lit. 56). Es ist anscheinend immer noch billiger, die Rohstoffe (wie Cobalt, Lithium, u.a.) in ärmeren Ländern durch deren (billige) Arbeitskräfte abbauen zu lassen, als bei uns dieselben Rohstoffe aus den entsorgten Endprodukten zurückzugewinnen. Aber auch etliche überschüssige Produkte aus unserer europäischen Landwirtschaft geraten – hoch subventioniert – nach drüben und damit ruinieren wir deren Landwirtschaft (Lit. 25). „Jeden Tag verhungern 15.000 Kinder. Weltweit hungern wieder über 800 Millionen Menschen. Das ist Mord, denn wir haben das Wissen

hebben wi uns Wirtschaft wereldwied mit völ Meite vernett un uns in Freehandelkuntrakten mit all de wereldwied Lieferketten daarin to uns Günsten moi ofsekert!" Völ van de Moiproters un de Grootsnuten überern sück fünsk un grötsk: „De Lü daar günners, de för uns naihen, planten un arnten un in d' Eer wöhlen, könen uns dankbaar wesen, dat wi an hör Rohstoffe interesseert sünd un se sölen doch – as vörtieden – mit 'n Teller vull Ries tofree wesen. Man wenn dat Volk hier bi uns komen will, dann freten se uns Wohlstand kahl. Dann maken wi de Müren bi uns hoger, dann richeln wi uns Land of mit Stiekelwier un wi sehn gliekgültig to, dat de Lü van daar günners up 't grote Water versupen; dat sall de Annern wall daarvan ofhollen natokomen." Ik meen, wi leven hier bi uns neet all over uns Verhältnisse, man wi leven heel seker over de Verhältnisse van de Lü in armer Kuntreien, de för uns stüttig greiende Wohlstand mit völ minner Lohn knojen mutten. Sücke Minsken günnen wi noch to minn Kans un to minn Hülpe un uprecht Raad, dat se in Tokummst van hör egen Wirtschaft leven könen un neet as froher as „Kolonialknechten" uns alls billig levern mußden. Dör grote Konzerne un dör hör korrupte Regeren roven rieke Lanne de armer Kuntreien all wieder ut mit uns Hunger na hör Land un na hör Rohstoffen. Un fünsk stüren wi en Deel van uns Ofgefall as Wertstoff na Afrikaa of Asien, man investeren daargünners so good as nix in „Recycling" (Lit. 56). So as dat lett, kann man in de arme Lanne de Rohstoffe (so as Cobalt, Lithium) mit de hör Arbeiders billiger ofbauen, as dat wi in de rieker Lanne de sülvige Rohstoffe ut de wegsmeten Produkten weer torügg winnen. Ok de Overdaad van wat Produkten ut uns Landwirtschaft in Europa raakt – hoog subventioneert – na 't Güntsied; daarmit vernelen wi de hör Landwirtschaft (Lit. 25). „Elke Dag versmachten 15.000 Kinner. Wereldwied hungern weer over 800 Millionen Minsken. Dat is Moord, wi hebben dat Weten

und die Technologie, das zu ändern", sagte Gerd Müller – deutscher Entwicklungsminister (2017-2021) (Lit. 26). Mit dem Ukraine-Krieg wird die Zahl der weltweit Hungernden noch größer werden. Auch Papst Franziskus hat recht, wenn er uns auf dieses Übel hinweist: „Diese Wirtschaft tötet" (Evangelii Gaudium, Lit. 27). Ich meine auch, die Welt würde insgesamt friedlicher werden, wenn wir die Menschen in den ärmeren Gegenden (aber auch die Armen bei uns in Europa) besser teilhaben lassen an unserem Wohlstand. Das ist eine unangenehme Botschaft, die nur wenige hier gern hören. Mit dem übermäßigen Konsum reißen viele der reichen Menschen die weltweite Spaltung zwischen Arm und Reich und Superreich gefährlich weit auf und gleichgültig lassen wir immer mehr Menschen zurück mit zu wenig Mut und Chancen, aber mit mehr Hass und Krieg. Kriege stürzen anderenorts immer mehr Flüchtlinge in Unsicherheit, Verzweiflung, Elend, Gewalt und Aufruhr. Und wenn dort drüben erst Aufruhr und Gewalt ausbricht, dann spielen sich gleich andere großtuerische Regenten auf und fangen auch dort „ihren" Krieg an mit all dem sinnlosen Zerstören und mit der Not der Flüchtlinge. Den Flüchtlingen will kaum jemand helfen. Sie verelenden. Sie geraten zwischen alle Fronten, sie sind ein Spielball und ein Teil der „Kriegsstrategie" und man kann mit ihrer Not noch Druck ausüben und anderen Ländern diese armen Flüchtlinge aufbürden (so wie in Syrien, Afghanistan, Ukraine oder anderswo). Das ist doch erbärmlich und schändlich!

Wenn wir nur bedauern, dass ständig mehr Millionen an Menschen aus ihrer Heimat durch Missernten, Ausbeutung, Krieg, Verfolgung und Unterdrückung vertrieben werden, dann dürfen wir nicht nur mit dem Finger auf die dortigen korrupten Regierungen und großen Konzerne zeigen; dann müssen wir auch mit den anderen Fingern auf uns selbst zeigen: dass viele von uns – mit unserem Wunsch nach immer billigerem Überkonsum – manchen Flüchtlingen von dort drüben noch zu wenig Chancen, Hilfen und Rat anbieten, so dass sie in ihrem Land bleiben könnten. Wir, die wir von vielem genug haben und unseren

un de Techniken, dat to annern", hett Gerd Müller seggt – uns Entwicklungsminister 2017-2021 (Lit. 26. Mit de Ukraine-Krieg worden de Hungerlieders noch mehr. Ok Paapst Franziskus hett Recht, wenn he uns up dat Övel wisst: „Diese Wirtschaft tötet" (Evangelii Gaudium, Lit. 27). Ik meen ok, de Wereld kunn in 't Geheel gesehn fredelker worden, wenn wi de Lü in de armer Kuntreien (man ok de armer Lü bi uns in Europa) beter deelhebben laten wullen an uns Wohlstand. Dat is kien moi Böskupp; de will bi uns nüms hören. Mit de Konsum in Overdaad rieten völ van de rieke Lü de Klöv in de Wereld tüsken arm un riek un baldadig riek over de Wereld heel gefahrelk wied open. Un gliekgültig laten wi stüttig mehr Lü to wied torügge – mit to minn Hope, Mood un Kans man mit mehr Haat un Krieg. Kriege störten daargünners stüttig mehr Flüchtlinge in Unsekerheid, Vertwiefeln, Elend, Gewalt un Uprohr. Un wenn daargünners eerstmaal Uprohr un Gewalt utbrecken, dann spölen sück futt anner grootsk Regenten up un begünnen daar ok „hör" Krieg mit all dat sinnlos Vernelen un dat Elend van de Flüchtlinge. De Flüchtlinge will nüms helpen, se raken in deep Not un tüsken alle Fronten, se sünd politisk en Spölball un Deel van de „Kriegsstrategie" un man kann mit hör Elend noch Druck maken un anner Lanne de arm Flüchtlinge uplasten (so as in Syrien, Afghanistan, Ukraine of annerswaar). Dat is doch arbarmelk und schandelk!

Wenn wi blot beduren, dat stüttig mehr Millionen Minsken ut hör Heimat dör Mißarnten, Utnützen, Krieg, Nasetten un Unnerdrücken verdreven worden, dann düren wi neet blot mit Fingers up de hör korrupte Regeren un de grote Konzerne daargünners wiesen, dann mutten wi ok mit de anner Fingers up uns sülvst wiesen: dat völ unner uns – mit de Jank na stüttig billiger Konsum in Overdaad – mennig Flüchtlingen van daargünners, tominn Kans, Raad un Hülp anbeden, dat se in hör Land harren blieven kunnt. Wi, de wi van völs genoog hebben un uns

Staat gut und unsere Wirtschaft breit aufstellen konnten, machen es uns zu leicht, wenn wir vorschreiben, wie Menschen in den ärmeren Gegenden zu leben haben. Über ihre „smart-phones" wissen die jungen Menschen in Afrika und anderswo sehr gut, wie es in der Welt und bei uns zugeht und wo sie ihre Chancen wahrnehmen können. Ich meine, viele der jungen Menschen, die im Mittelmeer ertrinken oder anderswo in ihrem Elend umkommen, könnten tüchtige Ackerbauern und Viehzüchter mit einer kleinen Landwirtschaft oder einem kleinen Gewerbe in ihrer Heimat werden. Sie könnten dort auch ihre Nachbarschaft satt machen, wenn wir in den reichen Ländern auf Augenhöhe ehrliche „Freihandelsverträge" mit den ärmeren Staaten beabsichtigen würden und fair mit den Menschen dort auf deren Anwesen zusammenarbeiten und fair Handel treiben würden und nicht zulassen, dass sie hinterrücks von ihren Äckern vertrieben werden. Ich denke, das mindert unseren Wohlstand nicht viel, aber es bringt anderswo gewaltig mehr Chancen, Hoffnung und Frieden. Und es kommt zu unseren Gunsten als mehr Sicherheit, Verlässlichkeit, Ansehen und Vertrauen wieder zu uns zurück. Dazu gehört m. E. auch, dass wir uns in Deutschland und in Europa besser einig werden und der ganzen Welt sehr klar vermitteln sollten, wie wir einerseits politisch Verfolgten aus fremden Ländern menschenwürdiges Asyl bei uns gewähren und wie wir andererseits zukünftig ausländische Hilfs-, Pflege- und weitere Fachkräfte nach und nach bei uns einstellen, weiterbilden, fair bezahlen und zu unserem Nutzen in unsere (z. T. überalterten) Gesellschaften gut integrieren. Diese Ansage dürfen wir nicht den gewissenlosen Populisten, Kriegstreibern, Menschenhändlern und Schleusern überlassen.

Aber auch mehr jungen Menschen und Kindern aus vielen ärmeren Familien bei uns müssen wir mehr Chancen auf Bildung für deren Zukunft gönnen und ihnen bessere Orientierung geben.

Staat best un uns Wirtschaft breed upstellen kunnen, maken uns dat to licht, wenn wi vörschrieven, wo Lü in armer Kuntreien to leven hebben. Mit hör „smart-phones" weet dat Jungvolk in Afrika of van annerswaar heel good, wo 't in d` Wereld un bi uns togeiht un waar se hör Kansen wahrnehmen könen. Ik meen, völ Lü van dat Jungvolk, de in 't Mittelmeer versupen of annerswaar in hör Elend umkomen, de kunnen fixe Ackerburen un Veehzüchter mit en moi lüttjet Buurkeree of en lüttje Bedriev in hör Heimat wesen. Se kunnen daargünners ok hör Naberskupp satt kriegen, wenn wi in de rieke Lannen up Ogenhöchte ehrelk „Freihandelsverträge" mit de arm Staaten in de Sinn harren un rejaal mit de Lü in hör Weeswarken daargünners tosamenarbeiden un rejaal Hannel drieven wullen un neet tolaten, dat de Lü stilkens van hör Land verdreven worden. Ik denk, dat minnert uns Wohlstand neet völ, man dat brengt annerswaar baldadig völ Kans, Hope un Free. Un dat kummt to uns Günst as mehr Sekerheid, Toverlaat, Ansehn un Vertroen weer to uns torügge. Um dat meen ik ok, wi mutten in Dütskland un in Europa gauer up een Bredd komen un dat de heel Wereld düdelk verklaren mutten, wo wi over een Kant de politiske Flüchtlingen ut frömde Lanne minskelk Toflücht bi uns günnen un wo over de anner Kant na un na utlandse Lü in Tokummst bi uns en Stee finnen: as Helpers, as Plegers un anners as Facklü. Un wo wi de wat lehren un de rejaal betahlen un de to uns egens Nütt in uns (deelwies ollernde) Gesellskuppen good upnehmen. Disse Böschkupp düren wi neet de fünske Moiproters, de Kriegslü, de Slaavenhannel un de Schojers overlaten.

Man ok mehr Jungvolk un Kinner bi uns in völ arm Familien mutten wi mehr Kansen up Utbilden för hör Tokummst günnen un hör mehr Orienteren geven.

Globalisierung hat auch Schwächen

Im Handel und in der Wirtschaft arbeiten wir weltweit eng zusammen und hängen auch weltweit immer mehr voneinander ab. Sonst könnten wir nicht in solch einem Wohlstand mit dem übermäßigen Konsum bei uns leben. Das läuft ganz gut, wenn alle nationale Regierungen und die weltweiten Konzerne und Finanzhäuser passende Regeln für Wirtschaft und Handel finden und sich daranhalten. Aber wenn ganz neue, unerwartete Katastrophen einschlagen (New York 9/11/2001, Lehman 2008, Corona 2020, Ukraine 2022) dann halten wir nichts mehr im Griff und wissen alle keinen Rat; dann stockt es ganz gewaltig in den weltweiten Abläufen unserer Wirtschaft, in unserem Konsum und in unserem Wohlstand (Lit. 51). Dann haben wir keine Orientierung und Blaupause und die altgewohnten Regeln, Anweisungen und Rechte greifen nicht mehr. Dann haben wir Angst, Angst vor Veränderung und je mehr Angst wir haben umso lieber wollen wir uns mit möglichst wenig Eigenverantwortung hinter immer mehr politisch schlecht gemachten Verordnungen verstecken oder wir laufen wie die naiven Kinder neuen, verführerischen „Rattenfängern" nach. Oder wir wollen wieder ganz schnell in die Zeit vor der Katastrophe zurück und gar nicht mehr zusammen nachdenken, wie wir in die Katastrophe geraten sind und was wir in Zukunft ändern und bessern sollten. Unsicherheit und Angst vor den zukünftigen Herausforderungen locken auch viele Populisten und Diktatoren an, die uns verführerisch versprechen, dass sie allein wieder gehörig „aufräumen" können und dass nur sie allein uns zu den schönen, früheren Zeiten zurückführen können: ein Volk gegen das andere, aber nichts mehr verträglich miteinander zusammenbringen. Sie missachten das Selbstbestimmungsrecht und den Frieden vieler Völker und scheuen Krieg und Not nicht. Sie leugnen den weltweiten

Globalisierung hett ok Swackden

In Hannel un Wirtschaft arbeiden wi wereldwied eng tosamen un hangen ok wereldwied mehr un mehr van nanner of. Anners kunnen wi neet in so 'n Wohlstand mit so 'n Overdaad an Konsum bi uns leven. Dat löppt heel moi, wenn all nationale Regeren un de wereldwiede Konzerne un Finanzhusen gadelk Regeln för Wirtschaft un Hannel finnen un sück daaran hollen. Man wenn heel neei unverwachte Katastrophen rinhauen (New York 9/11/2001, Lehman 2008, Corona 2020, Ukraine 2022) dann hollen wi nix mehr in 't Greep un weten all mitnanner kien Raad; dann stukt dat unbannig in de wereldwiede Oflopen in uns Wirtschaft, in uns Konsum un in uns Wohlstand (Lit. 51). Dann hebben wi kien Orienteren un kien Blaupaus un de ollwennst Regeln, Anwiesen un Rechten griepen neet. Dann worden wi bang, bang vör all Verannern un so banger wi sünd, so lever willen wi uns mit minn egen Verantworden achter stüttig mehr schlecht maakde Vörschriften verstoppen of wi lopen as dumme Kinner de neie, verförske „Röttenfangers" na. Of wi willen weer heel gau na de Tied vör de Katastrophe torügge un wi willen heel neet mitnanner nadenken, wo wi in dat Malör raakt sünd un wat wi in Tokummst annern un betern sullen. Unsekerheid un Benautheid för de tokomend Herutfördern halen ok völ Moiproters un Grootsnuten an, de uns verföhrsk beloven, dat blot se alleen weer krachtig „uprümen" un se uns weer na de moi, verleden Tieden föhren könen: een Volk tegen de anner an man neet mehr mitnanner wat topaß brengen. Se minnachten dat Recht van all Volk freei un in Free to leven un se sünd neet bang för Krieg un Elend. Se willen de wereldwied

Klimawandel und die Umweltzerstörung. Die plötzliche Corona-Pandemie ignorierten viele großtuerische Autokraten und damit beschleunigten sie die Ansteckung und einige gaben sich da noch mehr Vollmacht: sie verfälschten Wahlen oder wollten sie nicht anerkennen. Mit Digitalisierung wollen sie „ihr" Volk aushorchen und belügen und wie Hühner wegsperren und andere Gesellschaften ausspionieren und schwächen. In der Vielstimmigkeit unserer Demokratien sehen sie nur wie schwach, unentschlossen, kopf- und führerlos wir sind. Sie wollen lieber ihre Macht und Einflusssphären stärken. Globalisierung passt ihnen gar nicht, weil sie nur „ihr" Land groß sehen wollen. Oft verwechseln sie eine parlamentarische oder absolute Mehrheit in der Demokratie mit absoluter Macht für sich. Wenn Autokraten sich die Macht erschlichen haben, dann schränken sie zuerst unsere Pressefreiheit und unsere freie Justiz ein. Die Autokraten geben – anders als die demokratisch Regierenden durch Wahlen – ihre Regentschaft oft nur mit Gewalt, Verelendung und Krieg an „ihr" Volk zurück. Unser Militär kann sie nicht bedrohen, aber die Freiheit in unseren Demokratien verunsichert sie. Uns zu spalten, ist ihr großer Erfolg. Sie können ihre politischen und wirtschaftlichen Maßnahmen gezielter und beeindruckend schneller durchsetzen als wir in den Demokratien. Sie können „ihre" großen Armeen schneller marschieren und kämpfen lassen und „nur die Aussichtslosigkeit im Kampf beendet den Kampf" (Lit. 57). Das alles geht nur, solange sie all ihre Kritiker und Zweifler einsperren. Sie wollen nicht wahrhaben, wie eng ein hoher Wohlstand mit der weltweiten Produktion von Waren aus anderen Ländern zusammenhängt. Sie kommen sich so mächtig vor, dass nur sie auserwählt sein können, „ihr" Volk durch die unsicheren Zeiten zu führen und „ihr" Land neu zu erschaffen, aber dabei kommen sie nur selten über das totale Zerstören des Bestehenden hinaus. Oder sie wollen zurück, als wir noch unter uns waren und unsere eigenen Leute auch noch für all die gering bezahlten Dienstleistungen arbeiten wollten. Damals, als wir noch mehr Kinder

Klimawannel un dat Vernelen van Umwelt neet wahrhebben. Over de unverwachte Corona-Sükde keken se schierweg hen un so namm de Ansteken Fahrt up un völ grootsnuterge Regenten gaffen sück do noch mehr Vullmacht: se bedrogen bi Wahlen of wullen daar neet to stahn. Mit „Digitalisierung" willen se blot hör Volk uthören un as Hohner upschütten un all anner Volks uthören un swacken. In de Kakelee in uns Demokratien willen se blot sehn, wo swack, wankelmodig un verdwolen wi sünd. Se willen lever hör Macht starken un Baas over anner Lanne worden. Globalisierung paßt hör heel neet, umdat se blot „hör" Land groot sehn willen. Faken verwesseln se de „absolute Mehrheit" in de Demokratie mit de absluut Macht för sück sülvst. Wenn de grootsnuterge Regenten stilkens an de Macht raakt sünd, dann bekörten se toeerst uns Freeiheid in Menen un uns freei Gerichtswesen. De grootsnuterge Regenten geven – anners as bi de kört Regeren in Demokratie – hör Macht faken neet dör Wahlen man blot noch mit Gewalt, Elend un Krieg an „hör" Volk weer torügge. Uns Militär is kien Gefahr för de grootsnuterge Regenten, man de Freeiheid in uns Demokratien maakt hör unseker. Uns to klöven, is hör best Gemaak. Se könen Örders in Politik un in Wirtschaft moi vanpaß na hör Begripp beindruckend gauer dörsetten mehr as wi in uns Demokratien. Se könen „hör" Soldateree gauer marskeren un kämpen laten un blot wenn 't in de Slacht leep övel togeiht dann laten se na (Lit. 57). Dat alls geiht blot, solang se all Lü mit Tegenmenen un Twiefel inbuchten. Se willen neet wahrhebben, wo eng en hoog Wohlstand mit de wereldwiede Produktion van Waren ut anner Lanne tosamenhangt. Se komen sück so machtig vör, as wenn blot se utkört sünd uns dör de unseker Tieden to föhren un „hör" Land neeis uptobauen, man daarbi komen se neet wieder as dat se uns oll Bestand heelundall vernelen. Of se willen weer torügg, as wi noch unner uns wassen un uns egen Lü ok noch för all de minn betahlt Dennsten arbeiden wullen. Dotieds, as wi noch mehr Kinner

hatten, die für unsere Rente sorgten und bei uns nicht so viele Ausländer wohnten. Damals, als die Menschen in China, Indien und Afrika bitterarm waren und wir viel weniger Menschen auf der Erde waren. So simpel und verführerisch reden uns das die Populisten. In so eine Zeit und in so ein Land auf der Welt wollen sie uns zurückführen, aber so eine Zeit und so eine Welt gibt es nicht mehr.

Ich glaube, das ganze Dilemma liegt darin begründet, dass wir Menschen heute weltweit wirtschaften, aber wie gewohnt in (liberalen, demokratischen) Nationalstaaten zusammenleben wollen (Lit. 28). Aber die Macht der weltweiten Märkte und Geldhäuser (aber auch die Macht der riesigen Informationskonzerne) sind viel durchdringender und vernetzter geworden als die Macht der einzelnen Nationalstaaten! In unseren Nationalstaaten und Demokratien haben wir uns Freiheit und Frieden und uns Rechte errungen, für die unsere Ahnen lang genug hatten kämpfen müssen und die wir nun und in Zukunft wieder erneut zusammen verteidigen müssen: gegen die großmächtigen Konzerne, die einen sinnentleerten Überkonsum befeuern, gegen die Launen der weltweit agierenden Spekulanten, gegen die neuartigen Verführungen in den sozialen Medien, gegen den aggressiven Größenwahn (wie im Ukraine-Krieg) der erneut auftretenden, hinterhältigen Diktatoren, aber vor allem gegen unsere eigene Angst, unsere Unsicherheit und Gleichgültigkeit in Zeiten des Wandels. In unseren demokratischen Nationalstaaten fühlen wir uns geborgen und sicher. Hier können wir unser Zusammenleben regeln und unsere Chancen für die Zukunft mit deren Herausforderungen wahrnehmen; hier dürfen wir nach unserer Weise leben und arbeiten; hier müssen wir unsere eigene Meinung äußern. Aber wir müssen uns auch mit anderen Meinungen und Lebensweisen auseinandersetzen und möglichst viele Bürger mitnehmen, ihnen Chancen geben und zusammenhalten wollen. Das macht Mühe und das macht viele Bürger in Demokratien schnell träge und verwirrt – gerade in Zeiten großer Veränderungen. Aber wenn wir vor großen Veränderungen diese Mühen scheuen, dann regeln die

harren, de vör uns Rente sörgden un neet so völ frömd Volk um uns Dören harren. Dotieds, as de Minsken in China, Indien un Afrika bitterarm wassen un wi völ minner Minsken up de heel Eer wassen. So eenfach un vörföhrsk vertellen uns dat de Moiproters. Na so en Tied un in so en Land in de Wereld willen se uns torüggbrengen. Blot so 'n Tied un so 'n Wereld gifft dat neet mehr.

Ik lööv, de heel Uneens liggt daarin, dat wi as Minsken vandaag wereldwied wirtschaften, man – so as van froher wennt – in (freei, demokratische) Nationalstaaten tosamenleven willen (Lit. 28). Man de Machten van de wereldwiede Markten un Geldhusen (man ok de Macht van de over de Maten grote Informationskonzerne) sünd völ faster un völ mehr mitnanner verbunnen as de Macht van de enkelt Nationalstaaten! In uns Nationalstaaten un Demokratien hebben wi uns Freeiheid un Free un uns Rechte tofaatkregen, för de uns Vörollen lang genoog strieden mußden un de wi nu un in Tokummst weer van Neeis mitnanner verdeffenderen mutten: tegen de grootmachtige Konzerne, de en Overdaad in Konsum sünner Sinn un Verstand böten, tegen de Lunen van de Schojers, tegen dat wereldwiede Spekuleren un tegen de neeimoodske Verföhren van de soziale Medien, tegen dat futerge Grootdoon van de neeis vandag komende, grootsnuterge, fünske Machthebbers (so as nu in de Ukrainekrieg) man vör alls tegen uns egen Benautheid un uns Unsekerheid un uns Gliekgültigheid in Tieden van Wannel. In uns Nationalstaaten mit Demokratie föhlen wi uns burgen un seker. Hier könen wi uns Tosamenleven regeln, hier düren wi uns Kansen mit de hör Herutfördern för uns Tokummst wahrnehmen un wi düren na uns Wies leven un arbeiden; hier mutten wi uns egen Menen ütern. Man wi mutten uns ok mit anner Menen un Levenswiesen utnannersetten un völ Börgers mitnehmen, Kansen geven un tosamenhollen willen. Dat maakt Meite un dat maakt – jüst in Tieden van Verannern – völ Börgers in Demokratien gau nüsselnd un beduust. Man wenn uns dat de Meite vör grote Verannern neet weert is, dann regeln

Autokraten und Diktatoren das für uns. Ganz schnell, ganz einfach, sehr menschenverachtend, ohne Widerspruch, oft mit viel Hass und sehr aggressiv und zu ihren Gunsten und auf ihre Rechnung, so werden sie „unsere" Veränderungen gestalten, so werden sie „unseren" Zusammenhalt stärken und „unsere" Zukunft regeln.

Wir sollten uns von niemandem schmeicheln und versprechen lassen, dass unser Zusammenhalt fest und unsere Zukunft sicher sei. Zukunft ist nicht das, was uns mal fix und fertig präsentiert wird; nein, Zukunft nimmt seinen Verlauf aus dem, was jetzt schon da ist und davon sind wir (jeder für sich und wir zusammen) ein Teil. Und Zusammenhalt heißt nicht, dass wir den anderen Menschen stets angenehm gefallen müssen und all die strittigen Gegensätze nicht ansprechen und nur gefällig beiseiteschieben. Nein, Zusammenhalt bedeutet m. E., dass wir verschiedene Meinungen und Lebensweisen aushalten und diese verständig miteinander betrachten wollen und am Ende entscheiden, wie wir in solch einem Gemenge gute Kompromisse finden und daraus neuen Nutzen für alle ziehen können. Aber solange wir einander kaum mehr zuhören, uns nur noch ideenlos mit den immer gleichen, stereotypen Vorwürfen katapultieren, jede Partei standfest auf ihren Standpunkten beharrt und zu viele von uns sich nur noch um sich selbst drehen wollen, solange schaffen wir zu wenig Substanz für Zusammenhalt und schaffen auch im Großen den Weltfrieden und den großen Wandel in Klima und Umwelt nicht. Einigkeit und Zusammenhalt heißt nicht, dass wir am Ende alle die gleiche Meinung haben oder gar dieselben Menschen sein müssen, sondern vielmehr, dass wir uns noch zuhören und uns ohne Hass und ohne Verteufeln streiten und uns miteinander auf einen passenden Weg einigen, den wir eine Zeit lang auch zusammen gehen.

„Für mich ändert sich ohnehin nichts in der Politik, darum gehe ich auch nicht zur Wahl", das sagen die Menschen als Ausrede, wenn sie keine Verantwortung für die Gemeinschaft übernehmen wollen und sie

dat de Grootsnuten un Diktatoren för uns. Heel gau, heel eenfach, leep Minsken verachtend, sünner Tegenproot, faken mit völ Haat un futerg un mit hör iesdern Fuust un to hör Günst un up hör Reken, so maken se „uns" Verannern, so starken se „uns" Tosamenholt un so regeln se „uns" Tokummst.

Laat uns van nüms moiproten un beloven laten, dat uns Tosamenholt fast is un uns Tokummst seker is. Tokummst is neet, wat uns 'nmaal kant un klaar vörsett word. Nee, Tokummst nimmt sien Verloop ut dat, wat nu al daar is un daar sünd wi (elk un een un wi mitnanner) een Deel van. Un Tosamenholt bedütt neet, dat wi uns blot 'n liesam Eentracht vörmaken un all de Tegenstrieden neet anspreken willen of blot liesaam bisied schuven. Nee, Tosamenholt bedütt för mi, dat wi verscheden Menen un Levenswiesen uthollen, de künnig mitnanner bekieken un uplesd reselveren, wo wi in so 'n Mengsel gadelk Utgliek finnen un dat to 'n Nütt för uns all maken könen. Man wenn wi nanner haast neet mehr tohören un uns sünner neei Ideen blot noch ümmers mit all de glieke un sülvige Beschülligen besmieten, elke Sied stahfast bi sien Menen blifft un sück to völ van uns blot noch um sück sülvst dreihen willen, dann rieken wi to minn Tosamenholt un dann kriegen wi de Free in de Wereld un de groot Wannel in Klima un Umwelt neet up de Rieg. Enigheid un Tosamenholt heet neet, dat wi up 't Enn all de sülvige Menen hebben of sogaar de sülvige Minsken wesen mutten. Völmehr heet Enigheid un Tosamenholt, dat wi uns noch tohören un uns sünner Haat un Verdüweln strieden un uns mitnanner doch up een gadelk Padd eens worden, de wi en Tiedlang dann ok tosamen gahn.

„För mi annert sück so of so nix in de Politik, um dat gah ik ok neet na de Wahl", dat seggen de Lü as Utwendsel, wenn se för de Gemeenskupp kien Verantwoorden overnehmen willen un se

zu rechthaberisch, zu gleichgültig oder zu arm und zu schwach sind, sich mit anderen Meinungen auseinanderzusetzen. Aber für die Politiker sind Bürger kaum zu erreichen, die ohnehin nicht zur Wahl gehen wollen: sie ziehen sich vollkommen zurück oder radikalisieren sich gar in den „sozialen Medien". Sie wollen nicht verstehen und nicht dafür geradestehen, dass sie selbst ein Teil vom Ganzen sind. Aber wenn viele von uns auch nur mit kleinen Schritten in eine Richtung gehen, dann gibt es eine große Veränderung in unserer Gesellschaft. Als wir im Sommer 2022 die Energieknappheit im folgenden Winter fürchteten, konnten uns die Politiker und Wissenschaftler erklären und überzeugen, dass wir diese Not am besten mildern, wenn wir (jeder für sich und wir miteinander) einvernehmlich einen Beitrag zur Einsparung leisten. Als die Corona-Epidemie Anfang 2020 ausbrach, konnten uns die Politiker und Wissenschaftler erklären und überzeugen, wie wir uns aus Vorsicht dagegen verhalten mussten (Mindestabstand, Hygiene, Mundschutz). Das war damals nur ein winziger Beitrag von jedem einzelnen, aber erst als sich alle entsprechend konsequent so verhielten, schwächten wir die hinterhältigen Viren. Und daraufhin konnten wir viel mehr Menschen retten und Betriebe konnten arbeiten.

Die Viren überfallen uns nicht von außen wie ein Schwarm von gefräßigen Wiesenwürmern und sie überfluten uns auch nicht wie eine gefährliche Sturmflut. Die Viren stecken in uns Menschen und so wie wir uns verhalten, ermöglichen wir es den Viren, dass wir weitere Menschen hinterrücks krank machen. Und das machen die Viren umso schneller und intensiver je mehr wir Menschen – dichtgedrängt und sorglos – unseren alten Gewohnheiten oder kleinen Vorteilen oder Vergnügen nachgehen. Ich glaube, es hat uns und unsere Politiker damals zu tiefst verstört, dass ein nie dagewesenes, winziges Virus uns plötzlich zwingen konnte, unser Zusammenarbeiten und unser Zusammenleben (auch in politischer Hinsicht) derart einzuschränken. Ich war sehr enttäuscht als im Sommer 2021 vor und nach der Wahl viele unserer

to hebberechtsk, to gliekgültig of to arm un to swack sünd, sück mit anner Menen utnannertosetten. Man Lü, de neet na 't Wahl gahn willen, sünd för de Politiker schlecht to berieken; se trecken sück noch mehr torügge of se worden villicht radikaal dör de „soziale Medien". Se willen neet verstahn un neet daarför liekstahn, dat se sülvst en Deel van dat Heel sünd. Man wenn völ van uns mit lüttje Stappen in een Richtung gahn, dann gifft dat en groot Verannern in uns Gesellskupp. As wi in de Sömmer 2022, tegen de leep dür un knappe Warmte in de tokomende Winter ansachen, do kunnen uns de Politiker un Förskers verklaren un overtügen, dat wi disse Not verdragelk minnern, wenn wi (elk för sück un wi mitnanner) uns Bidrag geven. As de Corona-Sükde to Begünn 2020 utbrook, kunnen uns de Politiker un Förskers verklaren un overtügen, wo wi uns verhollen mußden („Mindestabstand, Hygiene, Mundschutz"). Dat was dotieds man blot 'n lüttje Bidrag van elk un een, man eerst as sück all Lü kunsequent daarna richten deen, swackden wi de fünske Virus. Un daaruphen kunnen wi völ mehr Minsken redden un de Bedrieven kunnen wiederarbeiden.

De Virus overkummt uns neet van buten as 'n Swarm van grelle Ameln un he overflood uns ok neet mit de Waterlast van 'n gefahrelk Störmflood. De Virus sitt in uns Minsken un so as wi uns verhollen, so laten wi dat to, dat wi mit de Virus anner Minsken stilkens krank maken. Un dat maakt de Virus so gauer un machtiger, so mehr wi – heel unvörsichtig dicht binanner – uns oll Wennsten of uns lüttje Vördelen of uns Pläseer nagahn. Ik meen, dat hett uns un uns Politikers to de Tied leep verfehrt, dat so 'n lüttje, nooit sehn Virus uns dwingen kunn, uns Tosamenleven (ok in politisk Belang) un uns Tosamenarbeiden so bekniepen kunn. Dat full mi leep to de Hand ut as in de Sömmer 2021 vör un na de groot Wahl völ van

Politiker sich nur noch mit immer mehr und neuen Verordnungen profilieren wollten und als so viele Bürger sich – gegen alle Vernunft und Wissenschaft – nicht impfen lassen wollten. So belastete das veränderte Virus durch die Erkrankten erneut unsere Krankenhäuser, Schulen und Betriebe zum Schaden vieler und unserer Wirtschaft. Um diesen Schaden für unsere Gesellschaft zu begrenzen, nahmen wir weitere Schulden auf, die unsere Möglichkeiten für künftige Investitionen gegen die Folgen des Ukraine-Krieges und für den Klimawandel einschränken werden. Dabei hat die Wissenschaft rasend schnell wirksame Impfstoffe bei uns erfunden und die wurden von innovativen Menschen bei uns auch schnell in großen Mengen produziert.

Corona-Viren können sich überall auf der Welt sehr schnell verändern und sich daraufhin – in Folge des globalisierten Wirtschaftens – sehr schnell erneut über die ganze Welt ausbreiten. Aber diese und zukünftige Virenplagen sind – ähnlich wie die Erwärmung des Klimas – nur durch weltweite Anstrengungen aus der Welt zurückzudrängen. Die Corona-Viren (und andere Viren) werden am besten beherrschbar, wenn wir uns alle unvoreingenommen informieren, zusammen weltweit auf Impfstoffe forschen und auch weltweit alle Menschen impfen würden, auch wenn es etwas teurer wird.

uns Politiker sück so dickdehn mit all mehr un neei Örders. Un as sück so völ Börgers – tegen all Benüll un Wetenskupp – neet impfen leten. So broch de verannerte Virus mit all de Kranken weer neei Belasten in uns Krankenhusen, Scholen un Bedrieven to 'n Schaa för all un uns Wirtschaft. Um de Schaa för uns Gesellskupp to minnern, hebben wi wiederhenn Schülden maakt, man dat bekört uns Kansen för dat tokomend Investeren in de Klimawannel un tegen all de Lasten, de uns ut de Ukraine-Krieg noch tomöte komen. Daarbi hett de Wetenskupp bi uns unbannig gau heel gode Impfen utfunnen un de wurren van nümig Lü ok bi uns heel gau in grote Maaten produzeert.

Corona-Viren könen sück van overall heel gau verannern un sück dann – mit dat wereldwiede Wirtschaften – heel gau van neeis over de heel Wereld utspreden. Man disse un all tokomende Plagen mit anner Viren sünd – haast nett so as dat Upwarmen van uns Klima – blot dör wereldwiede Anstrengen ut de Wereld weer ruttokriegen. Wi blieven Baas over Corona (un anner Viren), wenn wi nanner ehrelk Bescheed geven, tosamen na Impfstoffen försken un ok wereldwied all Volks impfen wullen ok wenn 't en Bietje dürer word.

Klimaerwärmung und Umweltzerstörung

So wie vor zwei tausend Jahren in Rom konnten auch später andere große Imperien schnell und übermäßig wachsen und vergehen. Die dortige Bevölkerung wuchs und die Menschen wollten auch alle im Überfluss versorgt werden mit sauberem Wasser, Holz, Eisen, Korn, Kräutern, Fleisch und Wein aus ihren Kolonien. Die großsprecherischen Regenten mussten ihr Volk bei Laune halten und dazu mussten sie auch immer mehr Kolonien erobern und ausrauben. Als das in all dem Übermaß nicht mehr ging, stürzten die Regenten immer schneller und das römische Reich ging allmählich unter. Fast all die Länder um das gesamte Mittelmeer blieben bis heute vertrocknet, kahl und ärmlich zurück. Aber die Welt war so groß, dass anderswo neue Reiche und Kulturen danach entstehen konnten und auch wieder untergingen. Verglichen mit heute war die Welt damals nahezu menschenleer. Die wenigen Menschen mussten der unberechenbaren Natur mit viel Mühe all das abringen und herausreißen, was sie zum Überleben brauchten. Wenn du damals mehr Fische essen wolltest, musstest du mehr Angeln oder Netze auslegen oder mit mehreren Booten unterwegs sein; das Wasser war voller Fische und dann fingst du damit auch mehr. Wenn du zukünftig noch Fische essen möchtest, dann musst du dich für schärfere Gesetze gegen die Überfischung einsetzen, sonst hast du bald überhaupt keinen Wildfangfisch mehr (nach Herman Daly Lit. 29) aber auch kein Fischmehl mehr für deine Nutztiere. Die Natur hatte früher in der fast „menschenleeren" Welt so Vieles im Überfluss – wie sauberes Wasser und Luft sowie eine schier unübersehbare Vielfalt an Pflanzen und Tieren – und sie konnte jederzeit alles umsonst nachliefern. Das gab uns eine große existenzielle Sicherheit, auf der wir bis heute unsere Wirtschaft aufbauen konnten. Diese große Sicherheit hat uns Menschen in der letzten Zeit auch unersättlich gemacht: alles noch mehr und noch billiger herausreißen und zu Geld machen und danach achtlos wegwerfen.

Upwarmen van Klima un Vernelen van Umwelt

So as dotieds vör twee dusend Jahren in Rom kunnen laterhen ok anner grote Rieken gau un over all Maten greien un weer unnergahn. De Lü wurren daar all mehr un wullen ok all noch beter leven un in Overdaad belevert worden mit süver Water, Holt, Iesder, Koorn, Kruiden, Flees un Wien ut hör Kolonien. So mußen de grootsnuterge Regenten hör Volk bi Luun hollen un mußen ok all mehr Kolonien innehmen un utroven. As dat in all de Overdaad neet mehr gung, störden de Regenten all gauer un dat Riek van Rom gung na un na unner. Bold all de Lanne umto dat heel Middelmeer bleven soor, kahlfreten un schofel torügg, bit vandaag. Man de Wereld was dotieds so groot, dat nadeem up anner Steden neei Rieken un Kulturen upkomen kunnen un ok weer unnergungen. Vergleken mit vandaag wassen up de Wereld froher man heel minn Minsken. De minn Minsken mußen de unberekenbare Natur mit völ Meite all dat ofringen un rutrieten, dat se man overleven kunnen. Wenn du dotieds mehr Fisken harrst eten wullt, muß du mehr Angeln of Netten utleggen of mit mehr Booten unnerwegs wesen; dat Water was vull van Fisken un dann fungst du daarmit ok mehr. Wenn du nu in Tokummst noch Fisken eten wullt, dann musst du di för scharper Gesetze tegen de Overdaad in Fiskeree stark maken, anners hest du bold overhoopt kien Wildfisk mehr (na Herman Daly Lit. 29), man ok kien Fiskmehl mehr as Foor för dien Deren. De Natur in de verleden Wereld (mit heel minn Lü d'rin) harr so völ in Overdaad – so as süver Water un Lucht, de völ neet oftosehn Aarden an Planten un an Deren – un kunn alltied umsünst nalevern. Dat gaff uns 'n groot Sekerheid för uns Overleven, up de wi hento vandaag uns Wirtschaften upbauen kunnen. Dis groot Sekerheid hett uns Minsken in lesde Tied ok ropperg maakt: all noch mehr un noch billiger rutrieten un to Geld maken un daarna ruug wegsmieten.

Ich vermute, aus der „leeren" Welt mit viel weniger Menschen rührt bis heute unsere Art und Weise her, wie wir leben und miteinander umgehen und wie wir bis jetzt wirtschaften und wonach wir streben. Aber in einer „vollen" Welt (mit jetzt fast 8 Milliarden Menschen) brauchen wir „eine neue Aufklärung" (Ernst Ulrich von Weizsäcker, Lit. 30 und Lit. 29). Die Natur gehört nicht uns, aber wir gehören der Natur. In einer „vollen" Welt kann die Natur nicht mehr alles umsonst liefern, schon gar nicht, wenn alle Menschen so leben wollten wie wir. Wir können nicht mehr anschreiben bei „Mutter Natur". Nun sollen wir einen zusätzlichen Preis für Anstrengungen bezahlen, damit sich das Klima und die geschändete Natur erholen können? Nun sollen wir einen höheren Preis bezahlen für das, was wir im Übermaß auf den Feldern ernten oder der Erde mit unseren neuesten Techniken entreißen und danach achtlos als Abfall darauf wegwerfen? Nun sollen wir einen Preis an die Natur bezahlen damit sich die Vielfalt der Arten an Tieren und Pflanzen zu unserem eigenen Wohlergehen nicht weiter verringert – und dass nur, weil Arten, die einmal ausgestorben sind, nie, nie wieder zurückkehren? Preise für solche Dienstleistungen wurden bislang gar nicht am Markt abgebildet und wurden auch zur Bestimmung des Bruttoinlandsproduktes (BIP) gar nicht berücksichtigt, an dem wir so stolz unsere Wirtschaftskraft und unseren Wohlstand messen. Aber unser Klima und unsere Natur haben einen „Wert", den wir lange Zeit nicht erkennen wollten. „Das wäre doch ganz sicher der Untergang unseres konsumbasierten Wohlstandes, wenn wir so wirtschaften wollten", so höre ich viele Bürger rufen, aber die anderen äußern mit mehr Bedacht: „Das ist die Rettung für die ganze Menschheit und für unsere Natur." Dass noch zu viele Menschen alles im Übermaß kaufen und immer billiger konsumieren wollen, das kommt uns jetzt

Ik meen, ut de „leeg" Wereld mit völ minner Lü kummt bit vandaag ok uns Aard un Wies her, wo wi leven un wo wi mitnanner umgahn un wo wi bit nu wirtschaften und waarna wi trachten. Man in en vull Wereld mit antost 8 Milliarden Lü bruken wi „en neei Upklaren" (Ernst Ulrich von Weizsäcker, (Lit. 30 un Lit. 29). De Natur, de hört uns neet, man wi hören to de Natur. In en „vull" Wereld kann de Natur nu neet mehr alls umsünst levern; al heel nich, wenn all Minsken so leven willen as wi. Wi könen neet mehr anschrieven bi „Moder Natur". Nu sölen wi en Pries bovendien betahlen för all de Anstrengen, mit de sück de verneelt Natur un dat Klima verhalen könen? Nu sölen wi en Pries bito betahlen för dat, wat wi up uns Land in Overdaad arnten of mit uns neei Techniken to de Eer rutrieten un ruug as Ofgefall daarup weer wegschmieten? Nu sölen wi en Pries an de Natur betahlen mit de sück de Völheid an Sorten van Deren un Planten to uns egen Nütt neet wieder minnert – blot wieldat Aarden de utstürven sünd, nooit weer torüggkomen? Priesen för sücksе Dennsten wurren up de Markten neet vertekend un kwammen in uns Bruttoinlandsprodukt (BIP) ja ok heel neet vör, mit de wi so stolt uns Wirtschaft un Wohlstand bit nu bemeten. Man uns Klima un Umwelt hebben en „Weert", de wi over lang Tied neet utmaken wullen. „Dat weer ja seker de Unnergang van uns Wohlstand, wenn wi so wirtschaften wullen", so hör ik völ Börgers reren man de annern ückern sück mit mehr Bedacht: „Dat is 't Redden för de heel Minskheit un för uns Natur". Dat noch to völ van uns Lü alls in Overdaad kopen willen un alls noch billiger verbruken willen, dat kummt uns nu

schon teuer zu stehen. Aber dabei zahlen wir doch zurzeit „nur" für die Klima- und Umweltschäden durch Fluten und Dürren und haben noch kaum etwas gegen die Ursachen des Klimawandels ausgerichtet.

Wir glaubten den Forschern seit mehr als 40 Jahren nicht, dass die Erde sich erwärmt und dass wir mit unserem unersättlichen Raubbau nach Rohstoffen bei fast 8 Milliarden Menschen die Erde verschandeln werden (Lit. 31). Wie stark sich die Welt in den nächsten 50 Jahren verändern wird, hängt ganz entscheidend davon ab, was wir Menschen in sehr kurzer Zeit alles tun und lassen werden. Wir würden eine um 4 Grad höhere Erderwärmung am Ende des Jahrhunderts bekommen, wenn die Menschheit so üppig wie bislang immer mehr Gas, Kohle und Öl als Energiequelle nutzen wollte (Lit. 33 und Lit. 32 p.23 Bild SPM.8a) – das wäre verheerend. Selbst in Deutschland muss man damit rechnen, dass allgemein die Zahl der Missernten, die Zahl der Hitzetoten und die Schäden der wasserreichen Unwetter aber auch der Mangel an sauberem Wasser stark zunehmen werden (Lit. 33 u. 59). Wenn wir vor dreißig Jahren angefangen hätten, etwas zu verbessern, hätten wir das Steuer noch mit wenig Aufwand drehen können. Aber wir drehen jetzt auch noch zu wenig und unentschlossen bei. A. Guterres erklärte am 04.04.2022 zum letzten IPCC-Bericht (Lit. 34) in New York: „Einige Regierungen und Verantwortliche von Unternehmen sagen das eine und tun das andere". Einfach ausgedrückt: „Sie lügen". Ich war froh, dass der Bundesgerichtshof am 29. 04. 2021 unsere Politiker zu konkreteren, zukünftigen Maßnahmen gegen den Klimawandel aufrief und diese nicht klammheimlich später unseren Kindern und Enkeln aufgebürdet werden dürfen, wenn es ohnehin zu spät sein dürfte.

Ich glaube, es wäre schon ein kluger Anfang, wenn wir unseren wenig nachhaltigen Konsum verringern würden (Lit. 58) und wenn wir das, was wir uns neu und oft billig gekauft haben nicht so schnell und achtlos zu Abfall machen würden, nur weil wir ständig wieder etwas noch Neueres und Besseres haben müssen. Unseren übermäßigen

al dür to stahn. Man wi komen upstünd „blot" för de Schaa up van grote Waterlasten un Drögden. Un daarbi hebben wi an de Oorsaak van de Klimawannel noch heel nix utricht.

Wi lövden de Förskers siet mehr as veertig Jahren neet, dat de Eer sück upwarmt un dat wi mit uns ropperg Roveree na Rohstoffen bi antost 8 Milliarden Minsken de Eer schännen (Lit. 31). Wo wied sück de Wereld in de tokomend fievtig Jahren verannert, dat hangt unbannig daarvan of, wat wi Minsken nu in 'n heel kört Tied all noch doon un laten willen. Wi kriegen 4 Grad mehr Warmte up de Eer um dat Jahr 2100 herum, wenn de Minskheid so ruum as bentlang Gas, Köhle nun Ölje as Energie nütten wullen (Lit. 33 u. Lit. 32, p.23 Bild SPM.8a) – dat weer de Unnergang. Sülvst in Dütskland is daarmit to reken, dat dörgahnsweg uns de Mißarnten, de Tahl an Doden dör Hitze un ok dat Unweer mit grote Waterlasten man ok uns Gebreck an süver Water noch tonehmen sölen (Lit. 33 un 59). Wenn wi vör dartig Jahren anfangen wassen, wat to betern, harren wi de Stür noch licht rumdreihen kunnt. Man wi dreihen nu ok noch to minnmachtig un nüsselnd bi. A. Guterres verklaarde to de lesde Bericht IPCC (Lit. 34) van 04.04.2022 in New York: „Wat Regeren un wat Lü mit Verantworden in groot Bedrieven seggen dat een un se doon dat anner". Eenfach geseggt: „Se legen". Ik was blied, dat an de 29. April 2021 uns hooge Gericht uns Politiker dat heel klaar andaan hett, dat se neet mehr umhen komen, nu dadelk in Tokummst wat tegen de Klimawannel tostann tobrengen un dat neet stilkens laterhen uns Kinner un Grootkinner uplasten düren, wenn dat so of so al to laat weer.

Ik löv, dat weer al 'n wies Begünn, wenn wi uns Overdaad in Konsum minnern kunnen (Lit. 58) un wenn wi dat, wat wi uns neei un faken billig köfft hebben, neet so gau un ruug to Ofgefall maken, blot umdat wi gau un allmanweg weer noch wat Neeis un Beterdes hebben mutten. Uns Konsum in Overdaad

Konsum verringern, bedeutet nicht, dass wir in Zukunft zu wenig zum Essen und zum Anziehen haben werden und dass wir nicht mehr reisen dürfen und kalte Zimmer im Winter haben werden, zumal da im Krieg das Gas teurer wird. Ich denke, es geht darum, dass wir – die wir uns das leisten können – uns anders kleiden (fair und ohne Ausbeutung) und dabei besser aussehen. Es geht darum, dass wir gesünder essen (nicht so viel Fleisch und Zucker) und dabei noch besser genießen und auch mal fragen, woher das Essen kommt; es geht darum, dass wir Häuser besser dämmen; es geht darum, dass wir vernünftiger reisen und dabei andere Menschen kennenlernen und uns besser erholen und mehr Zeit für uns, unsere Freunde und Familien haben. Es ist enorm wichtig, dass wir sehr schnell viel mehr elektrische Energie und Wärme durch viel weniger Verbrauch von Gas, Öl und Kohle erzeugen. An dieser Stelle muss ich meine alte Heimat Ostfriesland loben. Dort stehen derzeit mehr Windkraftwerke als in manch anderen Regionen in Deutschland, um damit saubere Energie gewinnen zu können. Niemand will große Windräder gern an seinem Vorgarten sehen. Jetzt müssen andere Regionen nachziehen und auch mehr saubere Energie produzieren (durch Wind, Sonne, Erdwärme usw.) und – auch von großer Bedeutung – diese Energie besser weiterleiten und zwischenspeichern (Lit. 35 u. Lit. 36). Denn, wenn wir in Zukunft nur noch elektrisch fahren und mit Wärmepumpen unsere Häuser heizen wollen, dann brauchen wir ein Vielfaches an elektrischer Energie aus nachhaltigen Quellen als heute produziert wird (Lit. 37). Wenn wir nachhaltige Energie bereits im Überfluss zur Verfügung hätten, dann könnten wir noch viel ehrgeizigere Umweltprojekte umsetzen, z. B. mit sauberem Wasserstoff die Hochöfen betreiben. Zur Gewinnung der nachhaltigen Energie ist auch für derartig ehrgeizige Projekte weltweit mehr als genügend Sonne und Wind kostenlos vorhanden. Derzeit verbraucht die Welt noch viel zu viel Energie und Wärme aus Kohle, Gas und Öl und wir müssen auch bei uns viel mehr Energie einsparen (Lit. 58). Denn die Abhängigkeit unserer Energie vom Ausland ist

minnerseren, dat bedütt neet, dat wi in Tokummst to minn to eeten un antotrecken hebben un dat wi neet mehr reisen düren un kien Warmte in Winter in uns Kamers hebben düren, wenn de Krieg in Ukraine dat Gas noch dürer maakt. Ik meen, dat geiht daarum, dat wi – de wi uns dat leisten könen – uns anners kleden (heel seker rejaal un sünner Utbeuten) un daarbi beter utsehn; dat wi gesünder eten (neet so völ Flees un Zücker) un daarbi völ beter geneten un ok 'nmaal fragen waar 't Eten herkummt; dat geiht daarum dat wi Husen beter isoleren, dat wi vernünftig reisen un daarbi anner Minsken kennenlehren un uns beter verhalen un mehr Tied för uns un mit uns Familien un Frünnen hebben. Dat is van groot Bedüden, dat wi gau völ mehr elektrisk Energie un Warmte ut minner Verbrannen van Ölje un Köhlen maken. An dis Stee mutt ik mien oll Heimat Ostfreesland priesen. Daar stahn upstünd mehr Windmöhlens as in mennig anner Kuntreien in Dütskland, de süver Energie maken. Nüms will geern grote Windmöhlens an sien Vörtuun stahn sehn. Nu mutten de anner Kuntreien nakomen un ok mehr süver Energie maken (ut Wind, Sünn, Eerdwarmte usw.) un – ok van Bedüden – de Energie wiederstüren un tüskenin lagern könen (Lit. 35 un Lit. 36). So, wenn in Tokummst all de Fahrtügen bi uns blot noch elektrisk fahren un wi mit „Wärmepumpen" de Husen böten willen, dann bruken wi völ, völ mehr an süver Energie as vandaag maakt word (Lit. 37). Wenn wi dadelk al mehr as genoog süver Energie in Overdaad parat harren, dann kunnen wi noch streevske Vörhebben umsetten, to 'n Bispill mit süver „Wasserstoff" de grote Hoogovens böten. Sülvst för sückse grote Vörhebben steiht mehr as genoog süver Energie up de heel Wereld ut Wind un Sünn ümsünnst parat. Upstünds bruukt de Wereld noch völs tovöl Energie un Warmte ut Köhlen, Gas un Ölje un wi mutten ok bi uns völ mehr Energie insparen (Lit. 58). Wieldat wi mit uns Energie ok leep hoog van Utland

sehr hoch (Lit. 22), wie wir es alle im Ukraine-Krieges leidvoll erfuhren. Mit unseren vorhandenen technischen Möglichkeiten können wir bereits elektrischen Strom aus nachhaltiger Energie (aus Sonne, Wind, Erdwärme) bei uns erzeugen. Wir müssen m. E. die vielen örtlichen (dezentralen) nachhaltigen Energiequellen stärker ausbauen und deren Strom mit dem Strom aus den bekannten Kraftwerken (mit Öl, Gas, Kohle, Atomstrom betrieben) sicher zusammenbringen, weiterleiten (Lit. 36 und Lit. 35) und speichern. Wir brauchen viel mehr saubere Energien für die Industrie, den Verkehr und das Wohnen, in die man längerfristig investieren muss, um den Wandel zu schaffen. Die Zeiten des billigen Gases und Öls sind m. E. vorbei; was den Ausbau der nachhaltigen Energien ökonomisch sehr stärken wird.

Mit der Verknappung vieler Güter durch den Krieg werden wir weniger konsumieren und uns zuvor überlegen, wozu wir sie brauchen und uns Produkte kaufen, die sich besser reparieren, teilen und aufarbeiten (recyclen) lassen und die wir nicht so schnell und achtlos als Abfall wegwerfen. Mit dem übermäßigen Konsum in unseren reicheren Ländern trieben wir die Schädigung an Umwelt und Klima weltweit ständig stärker an, so wie wir als Kinder früher den Kreisel mit der Peitsche schneller trieben. „Die Welt ist voller Lösungen" (Lit. 38 u. 39), jetzt schon für die Welt von Morgen. Wir sollten diesen neuen Ideen und Lösungen auch ihre Investition, ihre Zeit (mehr als 4 Jahren Regierungszeit!) und ihre Chance gönnen, dass wir sie großtechnisch umsetzen und wirtschaftlich gut darstellen können und sie nicht sofort durch die Macht des Gewohnten auslöschen, weil das Gewohnte es oft nur billiger aber kaum mehr nachhaltiger machen kann.

„Wir sind schon auf dem Wendeacker", so sagten unsere Vorfahren, wenn sie am Ende des Ackerstreifens den Pflug mit etwas Aufwand zu drehen hatten. Aber jeder kleine Dreh und jede winzige Veränderung zur Erholung

ofhangen (Lit. 22), so as wi dat in de Ukraine-Krieg (to uns eegen Schaa) unnerfunnen hebben. Mit uns Kansen in Technik könen wi upstünd al elektrisk Strom ut süver Energie (van Sünn, Wind, Eerdwarmte) bi uns maken. Wi mutten na mien Menen nu mit de völ Soorten an süver, elektrisk Strom in uns Dörpen (dezentral) beter up de Kluten komen, man de ok mit de Strom, de wi ut Ölje, Gas, Köhlen, Atomstrom maken, seker tosammenbrengen, wiederstüren un ok tüskendör lagern könen (Lit. 36 und Lit. 35). Wi bruken völ mehr süver Energie för de Industrie, de Verkehr un uns Wohnen, in de wi up Dürte investeren mutten un de Wannel schieren. De Tieden mit billig Ölje un Gas sünd na mien Menen vörbi, dat sall de süver Energien wall good up de Kluten helpen.

Mit de Verkappen an völ Goods dör de Krieg verbruken wi ok minner un sullen ok eerst overleggen waarto wi wat broken. Un wi könen ok Produkte kopen de sück beter repareren un uparbeiden („recyclen") laten un de wi beter mitnanner delen könen un de wi neet so gau un ruug as Ofgefall um uns to wegschmieten. Mit de Overdaad in Konsum in uns rieker Lanne dreven wi de Schaa an Umwelt un Klima wereldwied stüttig starker an, so as wi as Kinner froher de Tirreltopp mit de Sweep gauer dreven. „De Wereld is vull mit Lösen" (Lit. 38 u. 39), nu al för de Wereld van mörgen. Wi mutten de neei Ideen un Lösen ok hör Geld, Tied (mehr as 4 Jahren Regeren!) un hör Kans günnen, dat wi dat groot umsetten un ok up de Kluten komen laten un se neet futt utsticken dör de Macht van dat Ollwennst, wieldat de dat alls faken blot noch billiger man haast neet süverder maken kann.

„Wi sünd al up d' Wennacker", so seen uns Verleden, wenn se d' Ploog up 't Enn van 'n Upstreek mit 'n Schwung to dreihen harren. Man elke lüttje Dreih un

unseres Klimas und unserer Umwelt sind jetzt der Mühe und der Kosten allemal wert. Besser jetzt als später, sonst kippen wir unvorhersehbar von einem Klima-Malheur in ein noch größeres. Dann werden in einigen weiten Landstrichen die Menschen nicht mehr überleben können. Das Land dort wird zu trocken oder es wird überflutet. Und als Folge davon entstehen Hunger, Tod und Krieg für die Völker dorten, deren Menschen auch zu uns fliehen. Ich meine, es liegt an uns reicheren, aufgeklärten Konsumenten; wir müssen nicht länger davor weglaufen und uns auch nicht länger verführen und vernarren lassen. Ich denke, wir haben die Verantwortung aber wir haben auch die Kraft und das Wissen, die Veränderung und den Dreh zu schaffen. So wie viele von uns leben wollen oder meinen, leben zu müssen, so produziert die Industrie die Waren und liefert ihre Dienste. Und wenn viele lieber nachhaltiger leben und verbrauchen wollen (und den Preis für Klima und Umwelt nicht unseren Kindern schulden lassen wollen), dann werden sich die Industrie, der Handel und die Politik langfristig daraufhin anpassen. So betrachtet, entscheiden wir als Verbraucher auch mit über die zukünftigen „Geschäftsmodelle" der ganz großen Firmen und Geldhäuser, die wir sonst mit nationalen Wettbewerbsregeln und Kartellgesetzen kaum beschneiden können. So betrachtet, entscheiden wir Verbraucher auch, wie die gewaltig großen Geldbeträge (Kredite, Vermögens- und Börsenwerte) tagein und tagaus über die ganze Welt neu bewertet und anders verteilt werden. Damit haben wir als Verbraucher die Hand am Steuer.

Wir müssen uns jetzt (jeder für sich und alle miteinander) der großen Frage und radikalen Herausforderung stellen: „Wie verändern wir mit unserem Konsum unsere bisherige Wirtschaft, deren Wachstumsidee auf das immer billigere Herausreißen und achtlosere Wegwerfen beruht, zu einer nachhaltigen Kreislaufwirtschaft?" Inmitten des Ukraine-Krieges und begleitet von Unsicherheiten und von unserem Verlangen nach immer mehr Energie und Wärme ist das als Ganzes betrachtet ein gewaltiger System- und Paradigmenwandel.

Verannern to 'n Verhaahl för uns Klima un uns Umwelt sünd nu hör Meit un Kösten best weert. Beter nu as later, anners kippen wi unverachts van en Klima-Malör na 'n groter. Dann könen in wat grote Kuntreien de Minsken daar neet mehr overleven. De hör Land word to soor of word overswemmt. Un achterna komen groot Hunger, Dood un Krieg over all de Lü daargünners, de dann ok na uns flüchten, Ik meen, dat liggt an uns rieker upklaart Verbrukers. Wi mutten neet langer daarvör weglopen un uns ok neet langer verföhren un uns neet langer vernarrhollen laten. Ik meen, wi hebben de Verantwoorden man ok de Mau un dat Weten, de Drei un de Verannern to schieren. So as völ van uns leven willen of menen leven to mutten, so produzeert de Industrie de Waren un levert uns de Dennsten. Un wenn völ van uns lever mehr süver leven un verbruken willen (un de Pries för Klima un Umwelt neet uns Kinner schülden laten willen), dann hebben sück de Industrie, Hannel un de Politik up lang Tied daarna. So gesehn, entscheden wi as Verbrukers over de tokomend „Geschäftsmodelle" van heel grote Firmen un Geldhusen, de wi anners mit uns nationale Regeln un Gesetze neet bikomen könen. So gesehn, entscheden wi ok, wo de baldadig grote Summen an Geld (Kredite, Vermögens- un Börsenwerte) dag-ut un dag-in over de heel Wereld neeis beoordeelt un anners verdeelt worden. Wi as Verbruker mit uns Konsum hebben uns Hand an d' Stür.

Wi mutten nu (elk för sück un wi all mitnanner) de groot Fraag un de radikaal Herutfördern angahn: „Wo kriegen wi – mit uns Konsum – uns ollwennst Wirtschaft verannert, de blot noch greit mit all dat billige Rutrieten un ruger Wegsmieten, hen na en süver, wereldwiede 'Kreislaufwirtschaft'?" Middenmank in de Ukraine-Krieg mit all de Unsekerheid un mit uns Jank na noch mehr Energie un Warmte is dat in 't Geheel gesehn en over de Maten groot Wannel in uns System un in uns Denken.

In diesem Systemwandel müssen viele Menschen neue Arbeit finden und ärmere Menschen in unserer Gesellschaft sollten nicht tiefer abrutschen. Mehr und mehr Konsumenten werden sich zu weniger und zum klima- und umweltfreundlichen Konsum entscheiden müssen. Aber solange wir Bürger in dieser Hinsicht zaudern, tun sich auch unsere Politiker schwer, weil sie ja von uns wiedergewählt werden wollen. Wir haben m. E. keine Zeit mehr fürs Schönreden, fürs Wegschauen und für das Verschieben von Verantwortungen und Schuld, wie wir es viel zu lange gepflegt haben. Mit dem Beginn des Ukraine-Krieges verteuerten sich viele Produkte, weil sich Gas und Öl jäh verteuerten. Um unsere Wirtschaft nicht jäh abstürzen zu sehen, müssen wir kurzfristig vielleicht nach mehr Öl und Gas suchen aber gleichzeitig beherzter in saubere Energien investieren (Lit. 40). Denn wir werden die jetzigen Probleme (hinsichtlich des Klimas und der Umwelt) nicht mit denselben Denkweisen lösen können, durch die sie entstanden sind (nach Albert Einstein).

Mit dem Durcheinander infolge der Pandemie und des Ukraine-Krieg bleibt der Weltwirtschaft noch weniger Zeit, um die Veränderung zum nachhaltigen Wirtschaften zu schaffen. Aber falls wir danach – bei sich erholender Wirtschaft nach dem Krieg – nur noch zu unseren alten Gewohnheiten mit billiger fossiler Energie und zu unserer gewohnten Ausgelassenheit mit immer mehr Konsum und zu unseren alten, aber morschen Sicherheiten zurückwollten, sollten wir jetzt schon festlegen, wie wir geeignete Wege für den bevorstehenden Systemwandel (Transformation) finden und gehen wollen. Das sind nicht nur Wege hin zu einer guten Erholung unseres Klimas und unserer Umwelt, sondern auch hin zu allem, was unsere Gesellschaft noch fester zusammenhält und zu allem, was vielen Menschen neue Chancen bringt, wie bessere Bildung, Gesundheit und Wohnen. Davon haben wir und unsere Kinder und Enkel viel mehr. Aber der geeignete Weg ist noch nicht gepflastert – das müssen wir machen (wir, das sind zuerst wir Verbraucher), „wir sind dran" (Ernst Ulrich von Weizsäcker, Lit. 30).

In so en groot Wannel mutten völ Lü in neei Arbeid raken un de arme Lü in uns Gesellskupp düren neet noch deper versacken. Mehr un mehr Verbrukers mutten minner verbruken un sück to mehr süver Konsum för en beter Klima un Umwelt entscheden. Man solang wi Börgers in dis Belang nüsseln, solang rögen sück uns Politiker ok neet; se willen ja wiederhen van uns kört worden. Wi hebben (na mien Menen) kien Tied mehr för Utwennsel, för Moiproten, för bi d' Bisiedkieken un dat Wegschuven van Verantworden un Schüld, so as wi dat al völsto lang wennt sünd. As de Krieg in de Ukraine utbrook, wurren en heel Bült van uns Produkten dürer, wieldat Ölje un Gas so tomaal dürer wurren. Um uns Wirtschaff neet heel un dall ofstörten to sehn, mutten wi för 'n Settje overalls noch na mehr Ölje un Gas söken man bidem ok driester in süverder Energie investeren (Lit. 40). Wi könen de Gefahren van vandaag (so as för uns Klima un Umwelt) neet mit de sülvige Denkwiesen lösen, dör de se in de Wereld raakt sünd (na Albert Einstein).

Mit all dat Dörnanner van de Sükde un van de Ukraine-Krieg hett de wereldwiede Wirtschaff noch minner Tied, dat se hör Verannern na en süver Wirtschaften schiert. Man wenn wi – mit de Verhaal van uns Wirtschaff na de Krieg – dann blot noch na uns oll Wennsten mit billiger Gas un Ölje un na uns ollwennst Malljageree mit noch mehr Konsum un na uns oll, mör Sekerheiden torügg willen, sullen wi uns nu al besluten, wo wi gadelke Paden dör de tokomend groot Wannel („Transformation") finnen un gahn willen. Dat sünd Paden neet blot to 'n good Verhaal van uns Klima un uns Umwelt man ok to all dat, wat uns Gesellskupp noch faster tosamenhollt un völ Lü neei Kansen brengt so as beter Bildung, Gesundheit un Wohnen. Daar hebben wi un uns Kinner un Kinneskinner völ mehr van. Man so 'n gadelk Padd is för uns noch neet plaastert – dat mutten wi mitnanner maken (wi, dat sünd toeerst wi Verbrukers), „wi sünd dran" (Ernst Ulrich von Weizsäcker, Lit. 30).

Gerade das macht uns unsicher und auch Angst und das macht uns den Wandel nicht leicht: wir wissen, was wir jetzt haben, aber wir wissen nicht, was wir zukünftig bekommen werden.

Den Wandel (die Transformation) müssen wir in vielen Bereichen (Energie, Digitalisierung, Bildung, Wohnen, Landwirtschaft usw.) dringend und ohne Ausflüchte beginnen. Aber ich sehe überall das Gleiche, jeder verweist auf seine Mitbeteiligten und Interessenten, nur damit er nicht anfangen muss, etwas um sich herum zu ändern. Dabei waren Zeiten des Wandels und der drohenden Gefahren immer auch Zeiten, in denen wir uns von Zwängen befreiten und neue Chancen ergriffen, die unser Überleben sicherten. Wie die Energiewirtschaft so steht auch die Landwirtschaft während des Ukrainekrieges in dem Dilemma kurzfristig billiger aber langfristig nachhaltiger zu produzieren. Vielerorts hat sich Landwirtschaft verabschiedet von der Vorstellung, dass die Natur aus sich heraus „wirtschaftlich" arbeiten und „billig" produzieren kann, z. B. billigeres Fleisch. Wir sollten nicht meinen, das müssen wir der Natur verstärkt „beibringen" und mit einem Übermaß an Dünger, Monokulturen, Giften und mit Reserveantibiotika draufschlagen. Wenn wir als Verbraucher den Preis für nachhaltiges Essen und Trinken an der Theke im Laden heute nicht bezahlen möchten oder können, dann wollen wir, dass die Natur und unsere Enkel dafür morgen viel mehr bezahlen. Ich denke, wie der Bauer bei uns zu arbeiten hat, wie Landwirtschaft abläuft und was zukünftig zu welchem Preis auf unsere Teller kommt, das wollen auch gern die anderen „Interessenten" bestimmen: das sind der Bauernverband, die nichtbäuerlichen Landbesitzer (Lit. 41), Behörden, Politik, Banken, der Agrarhandel, die Saatgut- und Pestizidhersteller, die Molkereien, Schlachthöfe, Nahrungskonzerne, die Discounter und wir Verbraucher. Die Landwirtschaft, sie ist eben nicht mehr wie früher allein der Bauer. Ich vermute, viele dieser „Interessenten" sind untereinander bestens weltweit vernetzt und machen auch ihre

Jüst dat maakt uns unseker un ok benaut un dat maakt uns de Wannel neet licht: wi weten, wat wi nu hebben, man wi weten neet, wat wi in Tokummst kriegen.

De Wannel („Transformation") mutten wi in völ Weeswarken (Energie, Digitalisierung, Bildung, Wohnen, Landwirtschaft usw.) heel nödig un sünner Utwennst angahn. Man ik seh, dat is overall dat sülvige, elk wisst up sien Passelpanders un Interessenten, blot dat he man neet sülvst anfangen mutt, um sück to wat to annern. Tieden van Wannel of wenn uns Gefahr tomöt kwamm, wassen alltied Tieden, in de wi uns ut all Kniep befrejen kunnen un na neei Kansen grepen, de uns dat Overleven sekerden. So as de Energiewirtschaft, so sitt nu ok de Landwirtschaft in de mal Kniep, up kört Tied billiger averst up lang Tied süverder to produzeren. Landwirtschaft hett sück up völ Steden ofdoon van de Menen, dat de Natur ut sück „wirtschaftlich" arbeiden un „billig" produzeren kann, so as billiger Flees. Wi sullen neet langer menen, dat mutten wi de Natur eerst weer beter „bibrengen" un daarbi mit 'n Overdaad an Dünger, Monokulturen, Giften un Antibiotika d'rup hauen. Wenn wi as Verbruker de Pries för süver Eten un Drinken an Tönbank vandaag in d' Laden neet betahlen willen of könen, dann willen wi, dat de Natur un uns Kinneskinner dat mörgen völ dürer betahlen. Ik meen, wo de Buur bi uns to arbeiden hett, wo Landwirtschaft lopen sall un wat in Tokummst to wat för en Pries up uns Tellers kummt, dat willen ok völ de anner „Interessenten" fastleggen: dat sünd de Burenverband, de Landhebbers, de kien Buren sünd (Lit. 41), de Amten, de Politik, de Banken, de Agrarhannel, Saat- un Giftherstellers, de Molkereen, de Slachtereen, de Nahrungskonzerne, de Discounters un wi Verbrukers. Landwirtschaft, dat is eben neet mehr as froher de Buur alleen. Mi dünkt, völ van de „Interessenten" umto sünd unnernanner bestens wereldwied vernett un maken ok

eigenen Profite und drängen die Bauern billiger zu produzieren; erst recht jetzt, da mit dem Ukrainekrieg alle Rohstoffe und in deren Folge auch unsere Lebensmittel dementsprechend teurer werden. Während sich ein Großteil der Verbraucher viele Lebensmittel noch leisten kann, verarmen auch bei uns immer mehr daran. Für mich aber auch ein Grund ganzheitlich auf die Verschwendung der Böden und deren Früchte zu schauen: die zunehmende Bodenversiegelung, die großen geernteten Mengen an Obst, Gemüse und Getreiden, die es gar nicht auf unsere Teller schaffen, sondern vom Handel vorher aussortiert werden oder sie gelangen in die Tröge als Tierfutter oder in unsere Tanks als „Bio"treibstoff oder sie ruinieren – hochsubventioniert exportiert – die Landwirtschaft in ärmeren Ländern. So werden m. E. große Mengen an billig hergestellten „Lebens"mitteln gar nicht gegessen. Ferner heizen Missernten bei Unruhen weltweit die Spekulation an (Lit. 42a und b). Aber auch anderswo wird im Überfluss produziert: wenn 20% der gekauften Kleidung so gut wie gar nicht getragen wird, dann ist sie für viele Menschen zu billig (nach Greenpeace, Lit. 43). Nur mit ständig billigeren Einkaufspreisen kommen die großen Konzerne heute weltweit leichter ins Geschäft (Lit. 44). Mehr und ganz schnellen Profit – nur darum geht es! Ich vermute, es geht denen dabei gar nicht mehr um unsere Bauern und um das gesunde Vieh. Sehr viel intakte, artenreiche Natur mit wertvollem Humus und all den Insekten, Würmern und Bakterien darin (Biodiversität) ging bereits verloren. Es ist ein Unding, dass unsere Bauern bei unseren (zurecht) strengen Umwelt- und Tierschutzauflagen mit ständig billigeren Produkten und mit ständig größeren Erträgen gegen den Weltmarkt konkurrieren müssen und dass wir sie nicht besser für nachhaltige Produkte und eine gute Gesundung der Natur bei uns bezahlen möchten.

Wir in Deutschland verursachen (mit 80 Millionen Bürgern =1% der Weltbevölkerung) „nur" 2% der Abgase der ganzen Welt (mit 8 Milliarden Menschen) und ganz Europa nur 10% (Lit. 48b). „Aber warum sollen wir in Deutschland anfangen, das Klima

hör egen Profit un dwingen de Buren billiger to produzeren; jüst nu, waar mit de Ukrainekrieg all Rohstoffe un daarna ok uns Eteree dürer worden. Ok wenn för 'n groot Deel van uns Verbrukers dat Eteree noch leisten kann, so maakt dat doch mehr anner Lü ok bi uns armer. För mi is dat 'n Grund ok in't Geheel up dat grote Verkleien an Eer un Früchten kieken: all de Grund, de stüttig mehr verbaut word, de Bargen an arnt Früchten, Gröngood un Koorn, de gaar neet up uns Tellers komen, man bi de Hannel al in vörn utsünnert worden of in de Blocken as Foor of in uns Autotanks as „Bio"benzin raken of – hoog subventioneert – na armer Lanne stürt worden un daar de hör Landwirtschaft ruineren. So worden (na mien Menen) grote Bargen an billig Eteree neet vertehrt un bovendien böten Mißarnten bi Upröhr wereldwied dat Spekuleren an (Lit. 42). Man so word ok annerswaar in Overdaad produzeert: wenn 20% van de köfft Kleer so völ as overhoopt neet draggt worden, dann is Kledage för völ Lü to billig (na Greenpeace, Lit. 43). Blot mit stüttig billige Priesen up Inkoop komen de grote Konzerns vandaag wereldwied beter in 't Geschäft (Lit. 44). Stüttig mehr un heel gau Profit – blot daarna geiht dat! Ik meen, dat geiht de gaar neet mehr um uns Buren un um dat gesunde Veeh. Völ früchtbaar Grund mit all de völ Aarden an Tieken, Wurms un Bakterien daarin („Biodiversität") gung al verloren. Dat is 'n Unding, dat uns Buren bi de (torecht) scharpe Vörschriften för de Natur un för de Deren mit stüttig billiger Priesen un mit stüttig mehr Ertrag tegen de Wereldmarkt angahn mutten un neet beter för süver Produkten un för 'n moi Verhaal van de Natur bi uns betahlt worden

Wi in Dütskland maken (mit 80 Millionen Lü = 1% van de hele Wereld) „blot" 2% van de Ofgasen up de Wereld (mit 8 Milliarden Lü) und heel Europa blot 10% (Lit. 48b). „Man waarum sölen wi in Dütskland anfangen,

und die Umwelt zu retten, wenn wir doch wissen, dass wir allein weltweit nur wenig ausrichten können und es dafür ohnehin schon zu spät ist?" so wird oft gefragt. Meine Antwort darauf: „Weil wir ohne den Wandel unsere Erde in weniger als hundert Jahren unseren Enkel wahrscheinlich vollkommen ausgeplündert, verschandelt und unbrauchbar hinterlassen werden, wenn alle weiterhin so zögerlich anfangen, etwas zu ändern. Und weil wir sehr wohl den Wandel schaffen können!" Wir haben bei uns m. E. sehr gute Voraussetzungen (wissenschaftlich, technisch, wirtschaftlich, finanziell, sozial) um mit etwas mehr politischem Mut und gezielten Investitionen, die alternativen Energien und den Klima- und Umweltschutz stärker voranzutreiben und größer umzusetzen. Wenn uns das gelingt, können wir die dafür neu erschaffenen Spitzenprodukte und Technologien zukünftig erfolgreich auf dem Weltmarkt anbieten und damit ein nachhaltiges Wachstum mit neuen Arbeitsplätzen weltweit in Gang bringen. Aber wenn niemand sein gewohntes Verhalten ändern, wenn zu Wenige wagen, in etwas Neues zu investieren, wenn jeder nur abwartet und auf den anderen zeigt, dann ändert sich gar nichts. Dabei sehen auch die großen Finanzhäuser, die das viele Geld der reicheren Leute anlegen, dass man langfristig mehr Geld in nachhaltigeres Wirtschaften investieren muss. „Klimarisiko ist Investmentrisiko", sagt Larry Fink (CEO Blackrock, Lit. 45). „Denn wie soll es mit 30-jährigen Hypotheken weitergehen, wenn die Kreditgeber nicht mehr in der Lage sind, die Folgen von Klimarisiken über einen derart langen Zeitraum abzuschätzen?" Auch die Industrie investiert schon in besseren Klima- und Umweltschutz; aber sie verlangen dafür – zu Recht – verlässlichere politische Rahmenbedingungen über weite Zeiträume.

Wir dürfen uns über unsere zukünftige Welt auch gern andere Geschichten und Botschaften erzählen, als nur das altgewohnte „immer mehr, schneller und billiger" mit immer mehr Konsum, wie es uns die Werbung schmeichelnd erzählt (Lit. 46). Das sind Geschichten, wie wir die Freiheit in unseren Demokratien mutiger

dat Klima un de Umwelt to redden, wenn wi doch weten, dat wi alleen wereldwied blot minn utrichten könen un dat dat daarför so of so al to laat is?" so word faken fraggt. Mien Antwoord daarup: „Wieldat wi sünner Wannel uns Eer in minner as hunnert Jahren för uns Grootkinner antost heel un dall utplünnert, verschannelt un för nix mehr to bruken achterlaten, wenn wi all wiederhen so nüsseln anfangen wat to annern. Un wieldat wi de Wannel heel best schieren könen!" Na mien Menen hebben wi dat bi uns doch moi up Rieg (in uns Wetenskupp, uns Technik, uns Wirtschaft, mit uns Geld un mit uns Tosamenholt) dat wi mit en Bietje mehr Kuraasje un präzise Investeren de süver Energien un uns Klima un Umwelt up Kluten brengen un groter umsetten. Wenn wi dat beetkriegen, können wi all de Produkten un Techniken, de daarbi utfunnen wurren, in Tokummst best up de heel Wereldmarkt anbeden un verkopen un wereldwied en süver Grei mit neei Arbeidsteden begünnen. Man wenn nüms sien olle Wennsten annern, nüms in wat Neeis investeren will, wenn elk un een blot ofwacht un up de Annern wisst, dann verannert sück nix. Man ok de grote Finanzhusen, de dat Geld van de rieke Lü anleggen, sehn al, dat wi up lange Tied mehr Geld in süver Wirtschaften anleggen mutten. „Klimarisiko ist Investmentrisiko", so seggt Larry Fink dat (Vörstand Blackrock, Lit. 45). Wo doch sall dat wiedergahn mit Hypteken, de 30 Jahren lopen, wenn de Geldgevers neet over so 'n lang Tied taxeren könen, wat mit de Schaa ut uns Klima word. Ok de Industrie investeert nu al för 'n beter Klima un Umwelt, man de willen – mit Recht – over langer Tied beter Sekerheiden van de Politik.

Wi düren uns over uns Tokummst in de Wereld ok geern anner Geschichten un Böskuppen vertellen as blot dat olwennst „stüttig mehr, gauer un billiger", mit stüttig mehr Konsum as uns de Reklaam dat mundjeproot (Lit. 46). Dat sünd Geschichten, wo wi mit de Freeiheid in uns Demokratien driester

gegen die Gewalt, die Unfreiheit und die Lügen der Diktaturen verteidigen. Das sind neue Geschichten (Narrative): wie uns (jedem einzelnen und uns allen) der Wandel gut gelingt, dass viele in der Abkehr vom nicht nachhaltigen Konsum einen „Mehr"wert erleben und dass wir Wohlstand und Lebensqualität nicht ausschließlich an Besitz und an immer mehr materiellen Gütern messen. Das sind Geschichten: wie wir im Wandel neue Wege wagen und wie wir mit mehr Respekt gegen Verachtung, mit mehr Mut zur Veränderung gegen unsere Zögerlichkeit und Gleichgültigkeit, mit mehr Hoffnung gegen unsere Angst und mit mehr Gemeinsinn gegen all die Spalterei antreten.

Mir wird angst und bange, wenn wir Menschen in wenigen Jahrzehnten das Aufwärmen der Erde so weit getrieben haben könnten, dass große Schiffe dort fahren werden, wo jetzt noch meterdickes Eis über dem Nordpol liegt und große Konzerne just dort nach noch mehr Öl und Rohstoffen graben wollen. Letztlich beauftragen wir Verbraucher – mit unserem ständig wachsenden billigen und übermäßigen Konsum – diese großen Konzerne zu so einem Frevel und ermutigen ganze Länder, dass sie mit den Einnahmen aus dem Öl und den Rohstoffen ihre autoritäre Macht, Unterdrückung und weitere Kriege finanzieren. Mit unserem Verlangen nach immer mehr und billigeren Rohstoffen aus weit entfernten Gebieten, wie Soja- und Palmöl, aber auch Kaffee, Gemüse, Holz usw. tragen wir in den reicheren Ländern jetzt schon zur Abholzung der dortigen Regenwälder bei. Die mächtigen Konzerne und vor allem ihre skrupellosen Handlanger (Lit. 47) wollen auch in Zukunft nur allzu gern dorthin zurück, wo sie bislang viel Geld verdienen konnten. Es ist ihnen (aber letztlich auch uns Verbrauchern) gleichgültig, dass dann anderswo große Landstriche auf der Erde zerstört, vertrocknet oder überschwemmt werden – zum Leid sehr vieler Menschen und zur Schande der Natur, die sich dann davon nicht mehr wird erholen können. Dann werden wir die Hölle auf der Erde haben – nicht nur, weil es dann wärmer ist. Dann werden uns unsere

tegen de Gewalt, tegen de Unfree un tegen de Lögens in de Diktaturen angahn. Dat sünd neje Böskuppen (Narrative): wo uns (elk för sück un uns mitnanner) de Wannel good glückt, dat völ van uns mit minner Overdaad in Konsum en „Mehr"weert beleven un dat wi uns Wohlstand un uns mackelk Aard to leven neet blot dör uns Egendom an all mehr Goods bemeten. Dat sünd Geschichten: mit de wi in de Wannel tosamen neie Paden wagen un wo wi mit Respekt tegen all Verachten, mit mehr Mood tegen uns Nüsseln und Minnachten, mit mehr Hope tegen uns Benautheid un mit mehr Tosamenholt tegen all de Klöveree angahn.

Mi word benaut un bang, wenn wi Minsken in 'npaar tein Jahren de Eer sowied kunnen upwarmt hebben, dat grote Schippen daar fahren könen, waar nu noch meterdick Ies over de Noordpol licht un grote Konzerne jüst daar na noch mehr Ölje un Rohstoffe wöhlen willen. Lesderhand geven wi as Verbrukers – mit uns stüttig groter un billiger Konsum in Overdaad – disse Konzerne de Örder to so 'n Schann un Frevel un verdriesten völ Lanne, dat se mit de Verdennst ut all dat Ölje un de Rohstoffen hör fünske Macht, Unnerdrücken un tokomende Kriege betahlen. Mit uns Jank na all mehr un all billiger Rohstoffen ut Kuntreien van wiederweg, so as Soja- un Palmölje man ok na Koffje, Früchten, Holt usw. hebben wi in de rieker Lanne nu al uns Andeel, dat völ van de Urwald daargünners minner word. De machtige Konzerne un besünners de hör quade Handlangers (Lit. 47) willen ok in Tokummst allto geern daar weer hen torügge, waar se hento vandaag völ Geld verdenen kunnen. Dat is hör (man lesderhand ok uns Verbrukers) engaal, dat dann annerswaar grote Kuntreien up uns Eer verneelt, versoort of overswemmt worden to 'n Elend för 'n groot Deel Minsken un to 'n Schann för de Natur, de sück dann neet mehr verhalen kann. Dann hebben wi de Höll up de Eer – neet blot, umdat dat dann warmer is. Dann fragen uns uns

Enkel zurecht fragen: „Wie konntet Ihr es wagen?" (Greta Thunberg). „In den 9000 Jahren vor der Industrialisierung erwärmte sich die Erde um einen halben Grad. Momentan braucht es dafür nur drei Jahrzehnte" (Lit. 59).

Das „immer mehr, immer schnellere, immer billigere produzieren, verbrauchen und wegwerfen" giert nach immer neuen weltweiten Investitionen für immer mehr konsumbasierten Wohlstand mit immer neuen Krediten, die mit neuen Profiten schnell bedient werden müssen (Lit. 49). Ich fürchte, dieses System ist entfesselt. Es zerstört unser Klima und unsere Umwelt, stößt weltweit zu viele Menschen als Verlierer zurück und macht unsere Finanzmärkte instabiler und spekulativer (Lit. 3 u. 23). Das wird uns jetzt allmählich bewusst und macht nicht nur viele junge Menschen verwirrt, wütend und auch deprimiert.

Kinneskinner torecht: „Wo kunnen Ji 't düren?" (Greta Thunberg). „In de negen dusend Jahren för de Industrialisierung wurr de Eer um en halv Grad warmer. Upstünd bruken wi daarför blot dartig Jahr" (Lit. 59).

Dat „all noch mehr, noch gauer, noch billiger produzeren, verbruken un wegsmieten", dat jankt na stüttig neei wereldwied Investeren för noch mehr Konsum un Wohlstand mit noch mehr neei Schülden, de mit neei Profiten gau weer ofdraggt worden mutten (Lit. 49). Ik bün bang, dit System is van de Kedd of. Dit System verneelt uns Klima un uns Umwelt un stött wereldwied tovöl Minsken verloren torügg un maakt uns Geldmarkten mör un lett de mehr spekuleren (Lit. 3 u. 23). Dat word uns nu leverlaa klaar un dat maakt neet blot völ van uns Jungvolk so verdwolen, vergrellt un ok kopphangersk.

Zusammenleben und Zusammenhalten

Ich bin überzeugt, dass alle Menschen das sehr tief veranlagte Bedürfnis haben, von anderen Menschen geachtet und angesehen zu werden. Die allermeisten Menschen möchten Glieder der Gesellschaft sein, dort ihren Platz finden, dort respektiert und nicht verachtet oder gar daraus verstoßen werden. Wir meiden und verteufeln zu Recht jeden, der dieses grundlegende Bedürfnis und diese wohltuende, tieffriedliche Ordnung durcheinanderbringt (= altgriechisch: diabolos). Aber so ein kleiner Durcheinanderbringer steckt wohl in jedem von uns – wie schon in der Geschichte von Kain und Abel beschrieben, wo mangelnde Wertschätzung zu Neid und Totschlag führte. Gelegentlich wächst so ein Durcheinanderbringer – meist sind es Männer – zu einem größenwahnsinnigen, aggressiven und verlogenen Herrscher aus, der Verwirrung und schweres Leid über „sein" Land und über die Welt bringt und der keine Zugeständnisse machen kann, der Vergebung nicht kennt, der auch keinen Schritt zurückgehen kann und der alle Welt aufhetzen will zu noch mehr Lügen, Zerstören und Krieg.

In unseren Familien und in unseren Nachbarschaften haben wir meist Zusammenhalt, weil wir uns kennen, voneinander wissen und uns vertrauen. Aber weiter entfernt sehen wir den Nutzen des Zusammenhaltes kaum noch, dessen Früchte wir aber alle angenehm miteinander genießen. Da machen wir uns nicht mehr die Mühe, dass wir die anderen Menschen besser verstehen: warum die ganz andere Parteien wählen, wo die ihre Sorgen haben, wo es für die gut oder schlecht gelaufen ist und wie die damit umgehen. Man hört oft: „Ich kann nicht auch noch darüber nachdenken, was all die weitentfernten Anderen machen und wie die leben, dazu habe ich gar keine Zeit und bin zu beschäftigt; die sollen doch machen, was sie wollen und bleiben, wo sie sind. Das bringt mir

Tosamenleven un Tosamenhollen

Ik bün overtügt, dat all Minsken in de Düpde van hör Seel verwachten, dat anner Minsken hör wat in Reken hebben sullen un dat se van anner Minsken ansehn worden. Elk un een will en Lidd in uns Gesellskupp wesen un daar sien Stee finnen, daar mit Ehr andoon un neet minnacht of – noch lepe – daarut verstött worden. Wi mieden un verdüweln torecht alls, wat dis deep Jank un begerelk, fredelk Örder dörnannerbrengt (= ollgreeksk: diabolos). Man so 'n lüttje Dörnannerbrenger luurt wall in elk un een van uns – so as uns dat al in de Vertellsel van Kain und Abel verklaart wurr, as ut 'n Gebreek an Anerkennen Moord un Doodslag wurr. Of un to word ut so 'n lüttje Dörnannerbrenger – meest sünd dat Mannlü – ok en gröötske, futerge un verlogen Grootsnuut, de 'n groot Dörnanner un deep Elend over „sien" Land de heel Wereld brengt, de nüms mehr wat tostahn will, de Vergeven neet kennt, de ok kien Tree torügge geiht un de all Wereld mit Lögens uphissen will to noch mehr Lögens, Verneelen un Krieg.

In uns Familien un in uns Nahberskuppen hebben wi meestens Tosamenholt, wieldat wi uns kennen, van nanner weten un uns troen. Man wieder weg sehn wi de Nütt van Tosamenholt haast neet mehr man de sien Früchten wi all mitnanner liesam geneten. Daar maken wi uns de Meite neet mehr, dat wi de anner Lü beter verstahn: waar de hör Sörg hebben un waar dat för de good of naar mitlopen is un wo de anner Lü daarmit umgahn. Wi hören faak: „Ik kann neet noch daarover nadenken, wat all de Lü wiederweg maken un wo de leven, daar hebb ik heel kien Tied to un tovöl Drockde; de sölen doch maken, wat se willen un blieven, waar se sünd. Dat brengt mi kien Nütt, blot Kosten!"

keinen Nutzen, nur Kosten!" Ich meine, es könnte doch auch das Gegenteil richtig sein: wir haben kaum Zeit und sind zu beschäftigt, weil wir auch gerne in unserer gewohnten, rastlosen Hektik und altgewohnten Spur für uns bleiben wollen. Jeder will viel zu viel für sich allein ausrichten und jeder will mit dem Ellbogen noch ein bisschen raffinierter um die Anderen herum, aber noch viel zu wenig mit den Anderen abstimmen, was man gemeinsam besser erledigen kann als gegeneinander. Das ist überall gleich: ob in unseren Dörfern oder auf der ganzen Welt. Vergleichbar, wenn Fußballspieler nicht mehr als Mannschaft zusammenspielen wollten, sondern einige sich nur noch selber zeigen und um sich selbst drehen möchten; aber so kommen sie gemeinsam nicht voran. Sicher, jeder muss sein Wirtschaften, seine Arbeiten und Pflichten vernünftig verrichten, sich gegen Betrüger und Unrecht wehren und seine Türschwelle fegen und sich nicht nur über den verdreckten Weg aufregen. Aber gerade in der gegenwärtigen Zeit der großen Unsicherheiten (Klima, Umwelt, Diktaturen, Kriege) brauchen wir in unseren freien Gesellschaften sehr viel mehr Zusammenhalt. Es fällt uns schwer zu begreifen, dass wir mit mehr Zusammenhalt viel mächtiger werden. Das brauchten wir bislang auch nicht zu verstehen: es ging uns bislang ständig besser. Das erfolgreiche, weltweite Wirtschaften und der sehr lange Friede in Europa hielten viele von uns in einer tiefen und angenehmen Spur zusammen aber darin auch gefangen; das hat unsere Sicht verengt. Das Wachstum in noch mehr Konsum ist und war besonders da hoch, wo der Wohlstand eh schon groß war und noch ist. Der Wohlstand bei uns und in anderen Gesellschaften ist sehr ungleich verteilt. Dieses große Versprechen vom stetigen Wachsen unseres materiellen Wohlstandes war unsere Sicherheit und hielt unsere Gesellschaft zusammen und machte die meisten Menschen zufrieden. Aber was wird aus unserem Zusammenhalt, wenn die Zeiten teurer und unsicherer werden? Viele von uns glaubten bis vor dem Krieg nicht, dass uns jemals etwas Bedrohliches aus dieser liebgewonnenen, tiefen Spur hätte vertreiben

Ik meen, dat kunn ok doch in Tegendeel wahr wesen: wi hebben bolt kien Tied un tovöl Drockde, wieldat wi ok geern in uns egen Rusje un ollwennst Spoor för uns blieven willen. Elk will völstovöl för sück alleen utrichten un elk mit Ellboog noch en Bietje raffinerter um de annern umto, man noch völsto minn mit de annern topaß brengen, wat man beter mitnanner schieren kann as tegennanner. Dat is overall nettgliek – of in uns Dörpen un of up de heel Wereld. So as wenn Fußballspölers neet mehr as 'n Kring tosamen spölen willen, man wat sück blot noch wiesen willen un um sück sülvst dreihen will, man so komen se mitnanner neet vöran. Seker, elk un een mutt sien Wirtschaften un sien Wark schier hollen un sien Plichten doon, tegen Schojers un Bedregeree angahn un sien egen Drüppel fegen un sück neet blot over de schittig Loon upregen. Man jüst in Tieden so as nu, de leep unseker sünd (Klima, Umwelt, Diktaturen, Kriege) bruken wi in uns freei Gesellskuppen völ mehr Tosamenholt. Dat fallt uns stuur to begriepen, dat wi mit mehr Tosamenholt völ machtiger worden. Dat brukden wi bit nu ok neet verstahn: dat gung uns bitlang heel good un stüttig beter. Dat wereldwiede bestlopende Wirtschaften un de lang dürende Free in Europa hullen uns in en deep un mackelk Spoor tosamen man dat hull uns daarin ok gefangen; dat hett uns Sicht verengt. De Grei in noch mehr Konsum is un was besünners daar groot, waar de Wohlstand al vördem groot was un noch is. De Wohlstand bi uns un in anner Gesellskuppen is wereldwied leep unegaal verdeelt. Dis groot Verspreken van stüttig mehr Wohlstand in all Reev um uns to was uns Sekerheid un de hull uns Gesellskupp tosamen un hull de meeste Lü tofree. Man wat word ut uns Tosamenholt, wenn de Tiden dürer un unsekerder worden? Völ unner uns lövden bit vör de Krieg neet, dat uns wat Quaads ut dis leevwennst, deep Spoor harr verdrieven

können (Lit. 50) und wir daraufhin zerstrittener und hilfloser werden. Wir wollten nicht sehen und nicht wahrhaben, wie sich um uns herum die Welt dramatisch veränderte: wie stark die Bevölkerung in den ärmeren Teilen der Welt zunahm und wie wenig diese Menschen von der globalisierten Wirtschaft bis jetzt profitierten, wie gedankenlos vor allem wir in den reicheren Gesellschaften bis heute die Klimaerwärmung und die Umweltzerstörung vorantrieben, wie wir immer billiger an Rohstoffe gelangten, wie die Digitalisierung und die sozialen Medien vor allem den Konsum beschleunigten und wie die alte Friedensordnung weltweit zunehmend ausgehöhlt wurde durch die lügenhaften Erzählungen immer neuer, selbstherrlicher Autokraten.

Die Corona-Pandemie und noch mehr der Ukraine-Krieg lähmten das globale Wirtschaften stark. Die Lieferketten für Rohstoffe (z. B. Öl, Gas, Getreide und viele Metalle) sowie für viele Halbzeuge (z. B. Mikrochips) brachen zusammen und werden nun mit viel Mühe wieder neu und anders aufgebaut (Lit. 51). Niemand kann 2022 vorhersagen, wie die Welt sich davon erholen und neu fügen wird: hinsichtlich Politik (Frieden), Wirtschaft (Zugang zu Rohstoffen und Märkten), Umwelt und Klima. Die weltweite Abgasbelastung sank zwar in dem Corona-Jahr 2020 um 5,1 % (Lit. 48a) aber sie stieg in 2021 (als sich die Wirtschaft erholte) wieder schnell um 2 Milliarden Tonnen CO_2 stärker an – auch wenn die Welt wie nie zuvor mehr Strom aus erneuerbaren Quellen produzierte als 2021 (Lit. 48c). Daran erkennt man, wie stark in unserer Wirtschaft der derzeitige Wohlstand mit unserem Konsum, mit dem hohen Energieverbrauch und mit der Belastung unserer Umwelt zusammenhängen und wie unzureichend wir Menschen unseren Beitrag leisten, um Umwelt und Klima stärker zu entlasten.

In der Pandemie und im Ukraine-Krieg wurde unser Zusammenhalt anfangs gestärkt. Während der Corona-Zeit konnten wir Gemeinschaft kaum leben, nicht zum Vergnügen und nicht geschäftlich. Etliche Menschen verloren ihre Arbeit und

kunnt un wi daaruphen full Stried un sünner Hülp blieven (Lit. 50). Wi wullen neet sehn un neet wahrhebben, wo um uns to de Wereld sück al dreiht harr: wo gau de Minsken in de armer Kuntreien in de Wereld stüttig mehr wurren un wo minn Nütt de van dat wereldwiede Wirtschaften bit nu hebben, wo damelig vör alls wi in de rieker Gesellskuppen bit nu de Schaa an Umwelt un Klima vörandreven, wo wi stüttig lichter Rohstoffe tofatt kregen, wo de Digitalisierung un de soziale Medien vör alls de Konsum noch gauer makden, wo de ollwennst Free in uns Wereld – dör de Lögens un de Vertellsel van stüttig neei Grootsnuten – mehr un mehr uthöhlkelt wurr.

De Corona-Sükde un noch mehr de Krieg in Ukraine lahmden machtig dat wereldwiede Wirtschaften. De Lieferketten för Rohstoffe (so as Ölje, Gas, Koorn un völ Metalle) un för völ van dat Halftüüg (so as Mikrochips) wurren swacker un worden nu mit völ Meite weer neeis un anners upbaut (Lit. 51). Nüms kann 2022 wicken, wo de Wereld sück weer daarvan verhaalt un sück neeis weer up Rieg kricht: van wegen de Politik (Free), Wirtschaft (Togang to Rohstoffen un Marktden), Umwelt un Klima. De wereldwiede Belasten van Lucht mit Ofgasen wurr in de Corona-Jahr 2020 um 5,1% minner (Lit. 48a); man de wurr 2021 (as sück de Wirtschaft verhaalde) gau weer mit 2 Milliarden Tünnen CO_2 groter as 2020 – ok wenn de Wereld nooit vördem so völ elektrisk Strom up süver Aard maakt haar as 2021 (Lit. 48c). Daaran kannst du sehn, wo stark in uns Wirtschaft de Wohlstand upstünd mit uns Konsum un mit de Belasten för de Umwelt tosamenhangen un wo minn wi Minsken uns Bidrag doon willen, dat sück Klima un Umwelt beter verhalen.

In de Corona-Tied un mit de Krieg in Ukraine wurr uns Tosamenholt verannert. In de Corona-Tied kunnen wi Gemeenskupp haast neet leven, neet vör 'n Pläseer un neet vör 't Geschäft. Wat Minsken verloren hör Arbeit un hör

Existenz, viele Menschen wurden krank und fehlten in der Arbeit, einige Menschen wurden depressiv. Wir beklagten zurecht unsere langsame Bürokratie während der Pandemie und beim Klima- und Umweltschutz. Dabei vergessen wir m. E., dass viele Verordnungen und kurzlaufende Programme vom Gesetzgeber oder von den übergeordneten Behörden oft schlecht gemacht und zu wenig aufeinander abgestimmt sind.

Nach Ausbruch des hinterhältigen Krieges in der Ukraine erlebten wir eine nie gekannt große, europaweite Zusammengehörigkeit. In der jähen Bedrohung unserer Freiheit und des Friedens spürten wir unsere Ohnmacht, aber wir spürten auch, dass unser Zusammenhalt uns in dieser Schwäche stark machte. Später erkannten wir, dass der Friede und unsere politische Freiheit in Europa auch ihren wirtschaftlichen Preis haben. Als wenn die Corona-Pandemie nicht schon verstörende Unruhe genug über die Welt gebracht hätte, musste darüber hinaus auch noch dieser schlimme Krieg ausbrechen? Kriege und Pandemien überwältigen uns immer unmittelbar und wir Menschen können offensichtlich auf plötzliche Gefahren weit einmütiger und prompter reagieren als auf jene Gefahren, die sich heimlich anschleichen, die wir nicht klar erkennen können und die uns nicht sofort schmerzen; auch wenn die Wissenschaft diese Gefahren sehr deutlich vorhersagen kann. Ich denke, dass die Folgen einer ungebremsten Klimaerwärmung und schnellen Umweltzerstörung auf der Erde für alle nächsten Generationen sehr dramatisch werden.

Viele unserer Eltern, Großeltern und Urgroßeltern verloren ihre Heimat, ihre Liebsten, ihr Vermögen und ihr Ansehen in zwei großen Kriegen und Inflationen und mussten durch schlechte, hungrige Zeiten. Ich weiß nicht, was uns in der nahen Zukunft noch bevorsteht, aber als die Brennstoffe in Berlin 1948 knapp wurden, verzweifelten damals die Menschen nicht, sondern versorgten sich damit über die Luftbrücke auch ohne viele Milliarden bis Billionen Euros an Zuschüssen. In dieser Hinsicht stehen wir heute schon viel besser da, um unbeschadeter die

Wark, völ Lü wurren krank un wassen neet bi 't Wark, wat Minsken wurren kopphangersk. Wi beklagden torecht uns trüggelnde Amten (Bürokratie) in de Sükdetied un bi Klima- un Umweltschutz. Daarbi vergeten wi – na mien Menen – dat völ Örders und allto körte Programme van de Politikers of van de hoge Behörden faken schlecht maakt un dann unnernanner to minn topaß gahn.

Nades de fünske Krieg in de Ukraine utbroken was, beleevden wi en groot, noch noit kennt Tosamenholt in Europa. Mit dat Bekniepen van uns Freeiheid un Free föhlden wi uns so tomaal minnmachtig, man wi föhlden ok, dat uns Tosamenholt in disse Swackde uns weer düchtig Mau gaff. Wi sachen laterhen in Europa, dat de Free un uns politiske Freeiheid doch ok hör Pries in Wirtschaft hebben. As wenn de Corona-Sükde noch neet genoog Rusje in de Wereld brocht harr, mußde daar bovendeem noch disse naar Krieg utbreken? Kriege un Sükden overmanntjen uns alltieds up 'nmaal un wi Minsken könen openbaar tegen unverwachts Gefahren völ gauer un eendrachtiger angahn as tegen Gefahren, de sück so stilkens anslieken, de wi uns neet verklaren könen un de uns neet futt sehr doon; ok wenn uns de Wetenskupp sückse Gefahren düdelk wahrschaut. Ik meen, dat en stüttig gauer Upwarmen van uns Klima un en feller Vernelen van uns Umwelt för all de tokomende Generationen up de Eer doodsgefahrelk worden.

Völ van uns Ollen, Grootollen un Overgrootollen verloren hör Heimat, Leevsten, Geld, Gesundheit un Ansehn in twee grote Kriege un Inflationen un se mußden dör schmachterge, schofel Tieden. Ik weet neet, wat in de Tokummst noch up uns ankummt, man as in Berlin 1948 de Brand knapp wurr, vertwieften domals de Lü neet, man versörgden sück daarmit over de „Luftbrücke" ok sünner de Stön van völ Milliarden un Billionen Euro. In dis Belang bestahn wi uns vandaag al völ beter, sodat wi mit minner Schaa

Auswirkungen der Pandemie und des Krieges zu überwinden. Aber über diese beiden Belastungen hinaus müssen wir auch weiterhin in nachhaltige Vorhaben (z. B. in die nachhaltige Energie, in die Erholung unserer Natur, in eine sichere, breitere Digitalisierung und in eine bessere Infrastruktur) aber auch in unseren gesellschaftlichen Zusammenhalt wie in Gesundheit, Bildung und Wohnen investieren.

In den Zeiten der Corona-Pandemie erkannten wir, wer und was unsere Gesellschaft tatsächlich zusammenhielt. Das waren besonders die Menschen, die mit ihren Arbeiten, Dienstleistungen und mit ihren Betrieben uns unterstützten, beschützten, pflegten, bedienten, belieferten und uns und unsere Kinder betreuten. Mein Dank geht an die vielen Ehrenamtlichen mit ihren sozialen Verantwortungen in vielen Bereichen, die in koordinierter Eigeninitiative oft viel schneller und präziser helfen können als manche Bürokratie. Sie alle waren während der Corona-Pandemie und der Flüchtlingshilfe sehr beschäftigt. Aber ich denke auch an die Künstler, Gastwirte und andere, die ihre Beiträge zu einem schöneren gesellschaftlichen Leben gar nicht erst anbieten durften wegen der Ansteckungsgefahr. Sie alle sind die Menschen, die uns und unsere Gesellschaft sehr zusammenhalten und oft nicht genug geachtet und die meist gering bezahlt werden. Was dies betrifft sollte m. E. auch der Zusammenhalt einer Gesellschaft seinen passenden Wert, seinen Preis und seinen Respekt haben dürfen. Das dürfte uns anderswo in der Gesellschaft gewohnten Wohlstand kosten; aber das ist wichtig, denn eine zerrissene und gespaltene Gesellschaft hat es sehr schwer, durch Pandemiezeiten zu gelangen, die Folgen des Ukraine-Krieges zu meistern und vor allem den gesellschaftlichen Wandel (Transformation) in der Demokratie mitzugestalten.

Ich meine, diese engagierten Bürger hielten und halten unsere Gesellschaft viel mehr zusammen als die extremen „Querdenker" und die Rechthaber, die sich „ihre" Wahrheit und „ihr" Weltbild so schön passend, lautschreiend und verführerisch einfach aus dem

de Folgen van de Sükde un van de Krieg overstahn. Man mehr noch as in disse beid Belasten mutten wi ok wiederhen in de süver Vörhebben (so as in süver Energie, in de Verhaal van uns Natur, in sekerde, breed Digitalisierung un up dat wi beter mitnanner verbunnen worden) un ok wiederhen in de Tosamenholt van uns Gesellskupp investeren, so as in Gesundheid, Bildung un Wohnen.

In de Tieden van de Corona-Sükde wurren wi gewahr, well un wat uns Gesellskupp dadelk tosamenhull. Dat wassen besünners de Lü, de mit hör Arbeiden, Dennsten un mit hör Bedrieven uns uphulpen, hör Hand over uns hullen, uns bepleegden, beleverten, bedeenden un 'n Oog up uns un uns Kinner harren. Mien Dank segg ik de „Ehrenamtlichen" mit de hör Verantwoorden för anner Lü in völ Bereck, de ut sück herut völ gauer un völ sikürer helpen könen as mennig Amten. De all mitnanner harren in de Corona-Tied un bi all de Flüchtlingen völ Drockde. Man ik denk ok an de Künstler, de Weertslü un all de annern, de hör Bidrag to en mojer Leven in uns Gesellskupp gaar neet eerst anbeden dürsden – um all de Gefahr in Ansteken. De all mitnanner sünd de Lü, de uns Gesellskupp good tosamenhollen un de meest minn betahlt un de neet genoog Ehr andoon worden. Wat dit angeiht – so meen ik – sull ok de Tosamenholt van en Gesellskupp sien gadelk Weert un sien Pries un sien Respekt hebben düren. Dat minnerseert annerswaar in uns Gesellskupp de ollwennst Wohlstand. Aberst dat is van Bedüden, wieldat en Gesellskupp mit Reten un Klöven hett dat leep stuur dör de Sükdetieden to raken un all wat noch na de Ukraine-Krieg kummt to overstahn un de Wannel in uns Gesellskupp un in uns Demokratie de Wannel (Transformation) mit to maken.

Ik meen, disse ieverge Börgers hullen un hollen uns Gesellskup völ mehr tosamen as all de „Dwaarsdenkers" un de extreme Rechthebbers, de sück „hör" Wahrheid un „hör" Wereldbild so moi gadelk un verförsk eenfach un luut rerend ut dat

„zusammenbasteln", was sie selbst und ihre Anhänger gern hören mögen („alternativen Fakten"). Nur leider wurden viele dieser engagierten Bürger durch Corona nicht reicher, sondern eher ärmer und viele fühlten sich nicht genügend geachtet.

Die ganz Reichen und Mächtigen unter uns sollen sich nur nicht so wichtig nehmen. Vieles, was wir besitzen, das haben wir von unseren Eltern geerbt. Vieles, was wir sind, das sind wir durch unsere Eltern, Lehrer und durch Menschen, die es gut mit uns meinten. Viele unserer Chancen konnten wir nur in unserer freien und friedlichen Gesellschaft umsetzen und dort konnten wir auch viele unserer Talente und Gaben einbringen und nützlich entfalten.

Auch in dem bevorstehenden Wandel (Verbesserung von Klima und Umwelt, in den Kriegsbelastungen, der sicheren Digitalisierung und auch in der Bildung und Gesundheit) werden neue Chancen wachsen, die wir dann auch ergreifen müssen, damit wir aus ihnen neue innovative Produkte und Dienstleistungen hervorbringen und verkaufen. So wie wir in unserer Gesellschaft nicht nur die innovativen und mutigen Menschen brauchen, die etwas sinnvoll Neues erfinden und das auch in neue Techniken umsetzen und damit unser aller Leben und Zusammenleben zum Besten verändern, so brauchen wir auch die vielen anderen Menschen, die an solchen Veränderungen vernünftig teilhaben können und daraus ihren Nutzen und ihre Erleichterung ziehen.

Unsere Gesellschaft wird nicht reicher, wenn die Reichen nur hinter dicken Mauern unter sich leben wollen und die anderen in unserer Gesellschaft vergessen. Unsere Gesellschaft wird nicht mächtiger und gerechter, wenn wir nur die Autokraten und rechthaberischen Menschen gewähren lassen und die Menschen, die forschen, nachdenken und zweifeln nicht hören wollen. Unsere Gesellschaft wird nicht jünger, wenn wir von der Weisheit und der Gelassenheit der alten Menschen nichts mehr wissen wollen. Wir dürfen nicht so viele Menschen ohne

„klamphauen", wat se sülvst un hör Tolopers geern hören willen („alternative Fakten"). Man völ van disse iverge Börgers wurren dör Corona neet rieker, man ehrder armer un völ van de föhlden sück neet mehr mit Ehr andoon. De heel Rieken un Machtigen unner uns sölen sück blot neet so dickdoon. Völs wat wi hebben, hebben wi van uns Ollen arvt. Völs wat wi sünd, sünd wi dör uns Ollen, uns Mesters un dör Lü, de dat good mit uns meent hebben. Völ van uns Kansen kunnen wi blot in uns freei un fredelk Gesellskupp beetkriegen un daarin kunnen wi ok völ van uns Talenten un Gaven insetten un to 'n Nütt brengen.

Ok in de tokomend Wannel (Verbetern van Klima und Umwelt, de Lasten dör de Krieg, sekerder Digitalisierung un ok Bildung und Gesundheit) greien neei Kansen, de wi dann ok wahrnehmen mutten, so dat wi daarut neei nümig Produkte un Dennsten maken un verkopen. So, as wi in uns Gesellskupp neet blot de nümige Lü mit Mood bruken, de wat nümig Neeis utfinnen un dat ok in neei Techniken umsetten un daarmit uns Leven un Tosamenleven to dat Beste verannern, so bruken wi ok de völ anner Minsken, de an so 'n Verannern rechtschapen deelhebben könen un daarut hör Nütt un Verlichten kriegen.

Uns Gesellskupp word neet rieker, wenn de Rieken blot achter dicke Müren unner sück leven un de annern in uns Gesellskupp vergeten. Uns Gesellskupp word neet machtiger un gerechter, wenn wi blot de Grootsnuten un Hebberechten gewähren laten, un de Lü, de försken, nadenken un twiefeln neet hören willen. Uns Gesellskupp word neet junger, wenn wi van de Wiesheid un de Bedaartheid van de Ollen nix mehr weten willen. Wi düren neet so völ Minsken sünner

Chance zurücklassen, die zu wenig Geld verdienen, die ihren Kindern kaum Bildung vermitteln und die auch nur schwer eine Stelle in unserer Gesellschaft finden und die dann dort mit ihren Talenten und Gaben auch keinen Beitrag leisten können – im Gegenteil. Wir dürfen diese Menschen und deren Versorgung nicht zu gleichgültig in eine Bürokratie abschieben. Ich denke, dass es reichere und ärmere Menschen immer auf der Welt geben wird. Aber wenn wir den ärmeren Menschen unter uns mehr Chancen gönnen und sie mehr respektieren, dann stärken wir deren Vertrauen in unsere Gesellschaft. So gelingt uns in unserer Gesellschaft der bevorstehende Wandel (Transformation) leichter und wir enden nicht in einer Diktatur ungewisser Art und Farbe. Nicht alle, die in unserer Gesellschaft z. Z. unten ankommen, sind Taugenichtse und Faullenzer; dorthin verschlägt es immer mehr Bürger, die nach ein paar Lebensbrüchen nicht schnell genug eine zweite oder dritte Chance erhalten haben (Lit. 52).

Wir (jeder einzelne und wir alle als Gesellschaft) müssen weiterhin den Unterschied der anderen Meinungen, Interessen, Lebensweisen und Glauben zulassen und sie friedfertig wettstreiten lassen und das Beste daraus zum Wohl aller umsetzen. Eine Gesellschaft, die das schafft, hat viel Zukunft, bleibt aufgeschlossen, attraktiv, innovativ und ist wehrhaft und mächtig genug, um alle kommenden Veränderungen zu gestalten. So eine Gesellschaft darf man sich nicht nur träumen und sich selbst weiter nur in seiner Blase drehen wollen. So eine Gesellschaft sollte man sich auch von niemandem verführerisch versprechen lassen; für die müssen wir uns einsetzen und streiten, jeder für sich und wir alle zusammen. „Frage nicht, was Dein Land für Dich tun kann. Frage, was Du für Dein Land (und dessen Zusammenhalt) tun kannst" (nach J.F. Kennedy). Als Individuen sind wir ziemlich beschränkt in unseren Fähigkeiten. Aber was wir zusammen im friedlichen Austausch miteinander zu Wege bringen, das ist – im Ganzen betrachtet – oft viel mehr als man durch noch mehr Kredite, staatliche Verordnungen und Programme und durch

Kans torügglaten, de to minn Geld verdenen, de hör Kinner to minn lehren un bold kien Stee in uns Gesellskupp finnen könen un de daar dann mit hör Talenten un Gaven ok kien Bidrag geven könen, in Tegendeel. Wi düren disse Minsken un de hör Versörgen neet to gliekgültig de Amten overlaten. Ik denk, dat dat alltied riekerde un arme Lü up de Wereld geven deit. Man wenn wi de arme Lü unner uns mehr Kansen günnen un se mit mehr Ehr andoon, dann starken wi de hör Vertroen in uns Gesellskupp. So glückt uns in uns Gesellskupp de tokomend Wannel (Transformation) lichter un wi raken neet in 'n Diktatur, van de wi de Soort un Klör noch neet benömen könen. Neet all, de upstünd daar unnern in uns Gesellskupp ankomen, sünd Dögeneeten un Leiwamsen; daarhen raken ok mehr van de Börgers, de na 'n paar Tegenstöten in hör Leven neet heel gau genoog en tweed of dart Kans beetkregen (Lit. 52).

Wi (elk un een un wi all as Gesellskupp) mutten de Verschill an anner Menen, Interessen, Levenswiesen un Gloven bedaart uthollen un de fredelk mitnanner weddstrieden laten un dat Beste daarut to uns all Nütt umsetten. Blot so 'n Gesellskupp hett völ Tokummst, blifft nüver, attraktiv, nümig, kann tegen alls angahn un is machtig genoog, all tokomend Verannern dörtostahn. So en Gesellskupp dürt man sück neet blot drömen un sück sülvst wieder blot in sien egen Blaas dreihen willen. So 'n Gesellskupp düren wi uns van nüms verföhrsk beloven laten; för so 'n Gesellskup mutten wi uns (elk för sück un wi mitnanner) insetten un strieden. „Fraag neet, wat dien Land alls för Di doon sull; frag, wat Du för dien Land (un de sien Tosamenholt) doon kannst" (na J.F. Kennedy). As enkelt Minsken sünd wi recht bekrumpen mit alls wat wi könen, man wat wi tosamen fredelk mitnanner tostahn brengen, dat is – in 't Geheel gesehn – faken völ mehr as man dör noch mehr Wessel, Örders un Anstalten van uns Regeern un dör

raffinierte Geschäftsmodelle hätte erwarten können. Das ist gewiss wahr: überall wo Menschen in Frieden zusammenleben, sich frei entfalten, sich gegenseitig unterstützen und achten, fairen Handel treiben und sich kulturell austauschen können und sich untereinander verstehen, da entsteht – wie in einem Wunder – etwas sehr Großes, viel größer, als herrische Autokraten ihrem Volk hätten versprechen können und viel besser, als wir Bürger uns hätten erwarten dürfen.

Im Frühling 2020 – während der ersten Coronawelle – blickten wir mit unseren Politikern und Forschern verwirrt und unsicher in ein tiefes Loch. Im Februar 2022 als der Ukraine-Krieg begann, da konnten mir noch einige ältere Mitbürger erzählen, wie sie als Kinder die Schutzbunker, die Flucht und die Vertreibung im Weltkrieg und den Neuanfang danach erlebten. In beiden Fällen dachte ich an unsere Vorfahren mit all den Unsicherheiten in deren Zeit und da erinnerte ich mich wieder an das, was die beiden älteren Herrschaften sich damals auf der Bank in unserem Dorf erzählten: „… wir haben längst nicht alles im Griff. Wer weiß, wohin das noch führt und was noch alles auf uns zukommt?"

„Wer weiß, wohin das noch führt und was noch alles auf uns zukommt?" Corona beschädigte unsere bisherigen gesellschaftlichen Abläufe und unser Vertrauen in das ständige Wachstum unserer Wirtschaft und unseres Wohlstandes. Der Ukraine-Krieg verstörte uns zutiefst, weil plötzlich der lange Friede, die Freiheit und Demokratie so hinterrücks und menschenverachtend niedergetreten wurde, wie wir es nach dem 2. Weltkrieg in Europa nicht mehr für denkbar hielten. Wir hatten vergessen, dass Friede, Freiheit und Demokratie nicht selbstverständlich sind, sondern ständig von uns allen neu gelebt und verteidigt werden müssen. Unser Zusammenhalt in Europa erwies sich als unser bester Schutz gegen den menschenverachtenden Krieg. Wir sollten nicht vergessen, dass die Menschen in der Ukraine auch unseren Frieden, unsere Freiheit und Demokratie verteidigen. Aber so

raffineerte „Geschäftsmodelle" harren verwachten kunnt. Dat is wiß wahr, overall waar Minsken in Free un Freeiheid tosamenleven, sück uphelpen un mit Ehr andoon, rejaal Hannel drieven, sück kulturell uttusken könen un sück unnernanner verstahn, daar kummt – glieks as in 'n Wunner – wat baldadig Groots tostann, völ groter as heerske Grootsnuten hör Volk harren beloven kunnen un völ beter as wi Börgers uns dat harren vörstellen düren.

In de Vörjahr 2020, as de eerste Corona-Breker was, do keken wi mit uns Politiker un uns Förskers in en deep Gatt full Dörnanner un Unsekerheid. In Februar 2022 as de Krieg in Ukraine anfung, do kunnen mi noch 'n paar ollerde Lü vertellen, wo se as Kinner de Bunkers in de grote Krieg, hör Flüggt un Verdrieven un dann de neei Begünn in hör Leven beleevt hebben. För de beid Tieden doch ik an uns Vörollen mit all de Unsekerheiden in hör Tied un ik haalde de Woorden weer up, de de beid ollerde Lü sück domaals up de Bank in uns Dörp vertellden: … wi hebben 't lang neet all in 't Greep. Well weet, waar dat noch henlöppt un wat uns noch alls tomötkummt?"

„Well weet, waar dat noch henlöppt un wat uns noch alls tomötkummt?". Corona was en Schaa för all de ollwennst Oflopen in uns Gesellskupp un in uns Vertroen in de stüttig Grei van uns Wirtschaft un uns Wohlstand. De Krieg in Ukraine mook uns beduust, as so tomaal de lang Free, de Freeiheid un Demokratie so fünsk un so minnachtig an de Grund hauen wurr, so as wi uns dat na de 2. Wereldkrieg neet mehr harren vörstellen kunnt. Wi harren vergeten, dat Free, Freeiheid un Demokratie neet ut sück sülvst sünd, man elke Dag van uns all neei beleevt un neeis verdeffendeert worden mutten. Uns Tosamenholt in Europa was en good Schuul tegen disse schannelk Krieg. Wi sullen neet vergeten, dat de Minsken in de Ukraine ok uns Free, Freeiheid un Demokratie verdeffendern. Man so

bedeutend es ist, dass wir in unseren freien Demokratien vereint der Ukraine im Krieg helfen, so wichtig ist es auch, dass wir einen Weg zum Frieden finden. Dieser Krieg in Europa hat gezeigt, dass wir in den europäischen Gesellschaften nur eine sichere Zukunft haben, wenn wir zusammen autarker und wehrhafter werden und unsere Geschicke vereint in unsere eigenen Hände legen. So bleiben wir nicht verlassen und hilflos. Wir wissen stets, wir haben noch uns – selbst oder gerade in großer Ohnmacht. Und wenn wir in unseren Gesellschaften aufeinander zugehen, uns zuhören, uns streiten aber uns auch zügig einig werden, dann werden wir viel entschlossener und stärker. Corona und der Krieg haben mir gezeigt, dass wir auch mit allen anderen Demokratien weltweit besser zusammenarbeiten müssen gegen unsere lähmende Verzagtheit, die offensichtlichen Lügen der vielen selbstsüchtigen Alleinherrscher und vor allem gegen die verwirrungsstiftende Angst. Corona und der Krieg haben mir weiterhin gezeigt, dass unser weltweites Wirtschaften mit dem ständigen Wachstum in Konsum und mit immer mehr Geld längst nicht so beständig und sicher ist, als uns es die Leute predigen, die damit das meiste Geld und Vermögen verdienen. Das stärkt in mir die Hoffnung, dass ein nachhaltigeres, gerechteres, weltweites Wirtschaften bessere Chancen bekommt und dessen „Mehr"wert erkannt wird.

„Wer weiß, wofür das alles gut ist". Musste uns Menschen erst so ein hinterhältiger, winzig kleiner Virus zeigen, dass wir ihn und die Pandemie nur durch gesellschaftlichen Zusammenhalt und durch weltweite Zusammenarbeit aus der ganzen Welt verbannen können? Musste uns dieser Krieg erst verdeutlichen, dass wir nur mit unserem Zusammenhalt in den Demokratien den Kriegstreibern aber auch unseren eigenen Ängsten erfolgreich entgegentreten können? Musste erst dieser Krieg unsere bislang viel zu geringen Kosten für Öl, Kohle und Gas derart in die Höhe treiben, dass wir jetzt schlussendlich anfangen, mehr Energie zum Wohle unseres Klimas zu sparen und aus alternativen Quellen zu gewinnen? Und

bedüdend dat is, dat wi in uns freei Demokratien mitnanner de Lü in Ukraine helpen, so wichtig is dat ok, dat wi en Padd na de Free finden. Disse Krieg in Europa hett uns wesen, dat wi hier in uns Gesellskuppen blot en seker Tokummst hebben, wenn wi uns mitnanner up Kluten brengen, driester mitnanner tegen all Gefahren angahn könen un uns Wark in uns egen Hanne belaten. So blieven wi neet verlaten un minnermachtig. Wi weten ümmers, wi hebben noch uns – sülvst of jüst in Tieden van groot Minnmacht. Un wenn wi in uns Gesellskupp uns tomötgahn, uns tohören, uns strieden man uns ok gau eenig worden, dann worden wi völ trankieler un machtiger. Corona un de Krieg hebben mi wesen, dat wi ok mit all anner Demokratien wereldwied beter tosamenarbeiden mutten tegen uns lahmende Moodlosigheid, tegen de schier Lögens van de heerske Grootsnuten un vör alls vör tegen de uns beduust makende Benautheid. Corona un de Krieg hebben mi wiederhen wesen, dat uns wereldwiede Wirtschaften mit de stüttig Grei in Konsum un mit all noch mehr Geld lang neet so fast un seker is as uns de Lü dat preeken, de dat meeste Geld un Vermögen daarmit verdenen. Dat starkt in mi de Hope, dat mehr süver, gerechter wereldwiede Wirtschaften beter Kansen kricht un sien „Mehr"weert mehr vandag kummt.

„Well weet, waar 't all good för is." Mußde uns Minsken eerst so 'n heel lüttje, fünske Virus wiesen, dat wi hum un de Sükde blot dör uns Tosamenholt in uns Gesellskupp un dör uns wereldwiede Tosamenarbeid ut de heele Wereld quietworden? Mußde uns disse Krieg eerst verklaren, dat wi bestens blot mit uns Tosamenholt in uns Demokratien heel good tegen uns eegen Benaudheiden un tegen de Regenten angahn könen, de all Lü to 'n Krieg uphissen? Mußde uns eerst disse Krieg uns wennt minn Kösten för Ölje, Köhlen un Gas so um hoog drieven, dat wi nu uplest anfangen, mehr Energie to uns egen Best för uns Klima to sparen un ut süverde Quellen to winnen? Un

„Gas mag teuer sein, aber die Freiheit ist unbezahlbar" (Kaja Kallas, Premier Estland). Musste erst die Pandemie und dann der Krieg an der europäischen Türschwelle viele von uns wachrütteln aus der angenehmen Tagträumerei unseres Überkonsums. Musste uns die Pandemie und der Krieg erst zeigen, wie ohnmächtig wir als stolze, viertgrößte Wirtschaftsnation ohne eine intakte, weltweite Vernetzung sind. Es ist sinnlos, wenn wir in dieser übervölkerten, derart vernetzten Welt unsere Streitigkeiten und Herausforderungen weiterhin durch Wegschauen oder Unterdrückung und Kriege lösen wollen.

Der winzig kleine, hinterhältige Corona-Virus und der menschenverachtende Ukraine-Krieg haben gezeigt, dass wir Menschen uns sehr wohl noch ändern und anpassen können, so wie wir es auch über Jahrtausende erfolgreich schafften, gemeinsam vielen Bedrohungen entgegenzutreten. Corona und der Krieg haben uns doch auch gezeigt, dass wir auch in bedrohlichen und unsicheren Zeiten mit gesundem Menschenverstand vernünftig miteinander öffentlich diskutieren und gemeinsam handeln können, auch wenn wir oft nicht sofort verstehen, was noch alles auf uns zukommen oder wohin das alles laufen wird. Nur wenn wir Gewohntes loszulassen wagen, werden wir den Wandel zu einem guten Leben für uns, für unsere Kinder und Enkel viel besser in den Griff bekommen.

Meine Mutter hätte sicherlich gesagt: „Seid nicht ängstlich, haltet zusammen und traut Euch was zu, dann haltet Ihr viel mehr im Griff."

„Gas mag leep dür wesen, man Freeheid is neet to betahlen" (Kaja Kallas, Premier Estland). Mussde eerst de wereldwiede Sükde un dann de Krieg an de Döördrüppel van Europa völ van uns ut uns liesam Dagdrömen van de Overdaad in Konsum bemünnern. Mussde uns de Sükde un de Krieg eerst wiesen, wo minnmachtig wi as stolte veert groote Wirtschaftsmacht sünner en gesund, wereldwiede Vernetten sünd. In disse Wereld, de so vernett is un waar so völ Minksken togegen sünd, maakt dat kien Sinn, wenn wi uns Scheel un all Herutfördern noch wiederhen dör Wegkieken of Unnerdrücken un Krieg lösen willen.

Dis heel lüttje, fünske Virus un de schannelk Krieg in Ukraine hebben uns wesen, dat wi Minsken uns heel best noch wanneln un anpasen könen, so as wi dat siet dusenden van Jahren alltied best rundkregen hebben un tosammen tegen all uns Eng un Kniep angungen. Corona un de Krieg hebben uns ok wesen, dat wi ok in gefahrelk un unseker Tieden mit gesund Minskenverstand nümig un opentlik diskuteren un reselveren könen, ok wenn wi faken glieks neet verstahn, wat uns alls noch tomötkummt un waar dat alls henlöppt. Blot wenn wi dat Ollwennst lößlaten düren, kriegen wi de Wannel to 'n good Leven för uns, för uns Kinner un för uns Grootkinner völ beter in 't Greep.

Mien Moder harr seker seggen wullt: „Weest neet bang, hollt tosamen un traut Jo wat to, dann hollen Ji völ mehr in 't Greep."

Etwas zum Singen – Wat to singen

„Auld lang syne" auf ostfriesisch Plattdeutsch

Anlässlich eines Abschieds, einer Wiederkehr oder eines Zusammentreffens wird weltweit häufig das alte, schottische Lied „Auld lang syne" gesungen; im Hochdeutschen ist es auch mit eigenem Text als Pfadfinderlied bekannt.

Should auld acquaintance be forgot
And never brought to mind?
Should auld acquaintance be forgot,
and days of auld lang syne?

Refrain:
For auld lang syne, my jo
For auld lang syne
We'll tak' a cup o' kindness yet
For auld lang syne

Text nach Robert Burns

Ich habe eine ostfriesisch plattdeutsche Textversion gedichtet, die der Melodie folgen sollte. Ich kann mir auch vorstellen, die letzten beiden Zeilen jeder Strophe nur als Refrain (Nebenrefrain) zu nutzen, um der Erzählung von Abschied und Wiedersehen in dem Lied eine größere Kompaktheit zu geben.

„Auld lang syne" auf ostfriesisch Plattdeutsch

So mennig Fründskupp is vergahn,
sach völ Gedrüs tomöt.
Nebenrefrain:
Wi sünd so ´n Kring, de will bestahn,
umdat wi fier´n vergnögt.

So manche Freundschaft ist vergangen,
sah sich vielem Trubel ausgesetzt.
Nebenrefrain:
Wir sind so ein Kreis, der bestehen will,
deshalb feiern wir vergnügt.

Refrain:
Good Fründ, wi sünd tosam´n,
laat uns dat fier´n.
Mag ok en Ofscheed kom´n,
dann gifft ´t kien Rer´n.

Refrain:
Guter Freund, wir sind zusammen,
lass uns das feiern.
Mag auch ein Abschied kommen,
dann gibt es kein Weinen.

Pläseer un Eendracht geev well kann,
vergeev all Haat un Nied.
Nebenrefrain:
Stah neet van feern, koom up uns an,
so fier´n wi eens un blied.

Freude und Eintracht gebe, wer kann,
Vergib allen Hass und Neid.
Steh nicht in der Ferne, komm zu uns,
so feiern wir eins und froh.

"Du tuusterg Knuust, wo lang is ´t her,
all de verleden Tied.
Nebenrefrain:
Koom, sett di, eet un drink wat mehr,
dann holl´n wi ´t Proot un ´t Lied."

"Du rauer Gesell, wi lang ist ´s her,
all die vergangene Zeit.
Komm, setz Dich, iss und trink etwas mehr,
Dann behalten wir Gespräch und Gesang."

"Good Lü, ik mutt up Fahrt alweer.
Dis Ofscheed dürt wall lang.
Nebenrefrain:
Wi harr´n ´t so moi un sehn uns weer,
in ´n anner Tied of Land."

"Gute Leute, ich muss wieder los.
Dieser Abschied dauert wohl länger.
Wir hatten es so schön und sehen uns wieder,
in einer anderen Zeit oder (einem anderen) Land."

"Mit upstok´n Wark seil ik van di,
deit ok de See so stolt:
Nebenrefrain:
een Hand för `t Schipp un een för mi,
so seh´n w´ uns weer noch bold."

"Mit vollen Segeln fahr´ ich von Dir;
tut auch das Meer "stolz:
eine Hand für das Schiff und eine für mich
so sehen wir uns noch bald wieder."

Wi hebb´n uns Tokummst neet in´t Greep;
wi pröv´n, wacht´n up uns Kans.
Nebenrefrain:
Hebb´n wi´d´ Kör of sitt´n wi in´d´ Kniep?
Well weet Raad, wel stürt Hand?

Wir haben unsere Zukunft nicht im Griff;
Wir prüfen, warten auf unser Chance.
Haben wir die Wahl oder sitzen wir in der Klemme?
Wer weiß Rat, wer führt die Hand?

Gott hett uns leev un dat gifft Stön,
un draggt dör alle Tied.
Nebenrefrain:
Well ´t daarna deit, de hett sien Löhn
up´d´ Eer un´d´ anner Sied.
Text: copyright Meinhard Meyer

Gott hat uns lieb und das gibt Halt,
und trägt durch alle Zeit.
Wer es dafür tut, der hat seinen Lohn
Auf der Erde und drüben.

„Amazing Grace" auf ostfriesisch Plattdeutsch

Bei Gedenkveranstaltungen (auch bei Beerdigungen) wird das Lied „Amazing Grace" gesungen. Es ist bis heute das Lied der vielen unterdrückten und sich nach Befreiung sehnenden Menschen. Die „erstaunliche Gnade" („Amazing Grace") soll die Menschen durch schwere Lebensbrüche, tiefe Ängste und große Gefahren und selbst im Tod begleiten. Ich habe in dem Lied in der ostfriesisch-plattdeutschen Sprache berichten lassen, wie ein Mensch durch diese Tiefen zu neuem Leben gelangte:

„Amazing Grace" auf ostfriesisch Plattdeutsch

Nu west ´nmaal still, ik segg mien Dank, / Nun seid mal still, ich sag meinen Dank,
harr völ Verdreet un Schreev, / hatte viel Verdruß und Weinen,
was sünner Hope, benaut und bang, / war ohne Hoffnung, ängstlich und bang,
waar Sörg mi dwung un dreev. / wo Sorgen mich drängten und trieben.

Een male Pien haar mi in ´t Greep, / Ein böser Schmerz hatte mich im Griff,
dwung mi nadaal, in ´t Dook. / zwang mich hinunter in den Dunst.
Alleen, kien Slaap of Trost; ik reep / Allein, weder Schlaf noch Trost; ich rief
un funn daar neet mehr rut. / und fand da nicht mehr heraus.

All mien Lengen un mien Strengen, / All mein Verlangen und Anstrengen,
all mien Meit, Lüst un Not. / all meine Mühe, Vergnügen und Not.
wat mutt ´k lieden, wat kann ´k dwingen? / was muss ich erleiden, was kann ich erzwingen?
Dat is mien Taal mit Gott. / Das ist mein Gespräch mit Gott.

Wat was geböhrt? Mit eens Bedaar´n! / Was war passiert? Plötzlich Beruhigung!
Ik kreeg Vertroen so völ / ich bekam so viel Vertrauen
un wurr weer Kind - mit sück in ´t Klaar´n – / und wurde wieder Kind – mit sich im Klaren -
dat na de Moder wull. / das zu der Mutter (zurück) wollte.

Nu stah ´k, as ´n Boom, liekup un fast / Nun steh ich, wie ein Baum, gradauf und fest
mit´n herelk Kroon so riek, / mit einer herrlich reichen Krone,
geev Schuul un Scharr, de´t jankt na´t Rast / gib Schutz und Schatten, dem es verlangt nach Rast
dör´d´ Levensreis un -tied. / auf der Reise durch Leben und Zeit.

Text: Copyright Meinhard Meyer

Quellen – Waar 't all herkummt

Um meine Mundart aus dem Rheiderland der gebräuchlichen ostfriesischen Schreibweise bestens anzupassen, benutzte ich folgende Quellen:

Gernot de Vries: „Ostfriesisches Wörterbuch, Hochdeutsch / Plattdeutsch; Oostfreesk Woordenbook, Hoogdütsk / Plattdütsk" Manuskript: Gernot de Vries, Redaktion: Cornelia Nath und Theo Schuster herausgegeben von der Ostfriesischen Landschaft, 1. Auflage 2000, Verlag Schuster Leer

Jürgen Byl, Elke Brückmann: „Ostfriesisches Wörterbuch, Hochdeutsch / Plattdeutsch; Oostfreesk Woordenbook, Hoogdütsk / Plattdütsk" Zusammengestellt von Jürgen Byl, bearbeitet von Elke Brückmann, herausgegeben von der Ostfriesischen Landschaft, Verlag Schuster Leer, 1. Auflage 1992

Otto Buurman: „Hochdeutsch-plattdeutsches Wörterbuch Auf der Grundlage ostfriesischer Mundart" Band 1 – 12, 1962 -1972 Karl Wachholtz Verlag Neumünster

Mein besonderer Dank gebührt Frau Lore Houtrouw in Leer (Ostfriesland) für ihre vielen Anregungen hinsichtlich der ostfriesisch-plattdeutschen Ausdrucks- und Schreibweise.

Mit dem Inhalt dieses Buches will ich meine aktuelle, persönliche Sicht auf das derzeitige komplizierte Weltgeschehen (Sommer 2022) wiedergeben, wie ich es aus den weiteren gekennzeichneten, öffentlich zugänglichen Quellen (vor allem dem öffentlich-rechtlichen Rundfunk, den großen

Tageszeitungen, wissenschaftlichen Veröffentlichungen, etc.) gewonnen habe und weiteren Interessenten empfehle.

Lit. 1: Prof. Harald Lesch im hr fernsehen 10.03.2022 „Übernehmen jetzt die Maschinen" Video verfügbar bis 10.03.2023
https://www.ardmediathek.de/video/doku-und-reportage/uebernehmen-jetzt-die-maschinen/hr-fernsehen/Y3JpZDovL2hyLW9ubGluZS8xNjQ0MTE

Lit. 2: Christoph Janik Chemieinformatik Cleverer forschen mit künstlicher Intelligenz VAA Magazin 2018, p. 6–12
https://www.vaa.de/fileadmin/www.vaa.de/Inhalte/Publikationen/Magazin/Web-PDF/VAA_Magazin_2018-04.pdf

Lit. 3: „Boom und Crash – Wie Spekulation ins Chaos führt" vom 26.08.2021 auf SWR, Video verfügbar bis 25.08.2022
https://www.ardmediathek.de/video/dokumentarfilm/boom-und-crash-wie-spekulation-ins-chaos-fuehrt/swr/Y3JpZDovL3N3ci5kZS9hZXgvbzE1MTgxNzU
Vergl. Wiki-Quelle:
https://de.wikipedia.org/wiki/Boom_und_Crash_%E2%80%93_Wie_Spekulation_ins_Chaos_f%C3%BChrt

Lit. 4: Bundeszentrale für politische Bildung: Medien und Digitales
https://www.bpb.de/themen/medien-digitales/

Lit. 5a: Prof. Harald Lesch: „KO durch KI. Keine Angst vor schlauen Maschinen", 28.05.2019 Video verfügbar bis 28.05.2022
https://www.zdf.de/wissen/leschs-kosmos/ko-durch-ki-keine-angst-vor-schlauen-maschinen-100.html

Lit. 5b: Prof. Harald Lesch im hr fernsehen 10.03.2022: „ Übernehmen jetzt die Maschinen" Video verfügbar bis 10.03.2023
https://www.ardmediathek.de/video/doku-und-reportage/uebernehmen-jetzt-die-maschinen/hr-fernsehen/Y3JpZDovL2hyLW9ubGluZS8xNjQ0MTE

Lit. 6: Christian J. Meier „Maschine gegen Mensch – Kampfdrohnen werden immer intelligenter und autonomer", Süddeutsche Zeitung, 12.04.2022, p. 14

Lit. 7: „Angriff auf die Psyche – Falschnachrichten gehören zur Strategie des Krieges" von Andrian Kreye; Süddeutsche Zeitung 24.03.2022, p. 31

Lit. 8a: Prof. Harald Lesch: „Digitale Stimmenfänger", 01.08.2017
https://www.zdf.de/wissen/leschs-kosmos/digitale-stimmenfaenger-102.html
Datum: 01.08.2017 Das Video ist verfügbar bis 31.07.2022

Lit. 8b: Andrian Kreye „Ihr seid nicht real", Süddeutsche Zeitung 15.07.2022, p. 11

Lit. 9: Süddeutsche Zeitung 25.04. 2022, p. 15 „Das Märchen vom Metaverse", Jannis Brühl

Lit. 10a: Prof. Harald Lesch: „Unter Beobachtung, wenn Daten dich verraten"
https://www.zdf.de/wissen/leschs-kosmos/unter-beobachtung-wenn-daten-dich-verraten-102.html Video verfügbar bis 04.06.2022

Lit. 10b: Prof. Harald Lesch: „Lüge und Wahrheit Meinungsmacher Die Macht der Information", 05.05.2022

https://www.zdf.de/dokumentation/zdfinfo-doku/luege-und-wahrheit-die-macht-der-information--meinungsmacher-100.html Video verfügbar bis 03.05.2026

Lit. 11: Süddeutsche Zeitung 19.07.2021 p. 19 und folgende Beiträge zum „Pegasus-Projekt: Cyberangriff auf die Demokratie" Chefredaktion: Wolfgang Krach, Judith Wittwer mit Texten und Recherchen von verschiedenen Mitarbeiter:innen

Lit. 12: „China: Überwachungsstaat oder Zukunftslabor":
https://www.ndr.de/fernsehen/China-Ueberwachungsstaat-oder-Zukunftslabor,sendung1180860.html vom31.05.2021 auf ARD

Lit. 13: Süddeutsche Zeitung, 25.04. 2022, p. 15: „Neue Regeln fürs Netz" Josef Kelnberger siehe auch
https://www.tagesschau.de/wirtschaft/weltwirtschaft/eu-digital-service-act-101.html#:~:text=Der%20%22Digital%20Services%20Act%22%20(,Europa%20auf%20sch%C3%A4rfere%20Regeln%20einstellen

Lit. 14: goo.gle/aufbruch-de: Birk Grüling in „Aufbruch – Mensch und Gesellschaft im digitalen Wandel „Das gezielte Rauschen – Fortschrittliche Anonymisierungsverfahren ..." 26. Ausgabe, p. 24

Lit. 15: „Schattenwelten: Der Aufstieg der Mega-Konzerne"
https://www.zdf.de/dokumentation/zdfinfo-doku/schattenwelten-der-aufstieg-der-mega-konzerne-100.html *Video verfügbar bis 12.05.2024*

Lit. 16: S. Ebitsch, B. Kruse, S. Menner, S. Mujic, L. Rothacker, M-L. Timcke, D. Wünschel „Was Google über uns weiß" Süddeutsche Zeitung, 21.03.2022, p. 16

Lit. 17: Süddeutsche Zeitung 01.03.2021 p. 14: „Wir sind ja unter uns" „Wie sich auf Facebook und Twitter Echokammern bilden und welche Folgen das für die Demokratie hat."

Lit. 18: Rainer Forst: „Die Verwahrlosung der Demokratie", Süddeutsche Zeitung, 02.09.2020, p.11

Lit. 19: Süddeutsche Zeitung 12.03.2022, p. 5 Carolin Emcke: „Jetzt sieht man's. Alle Demokratien sind verwundbar. Sie brauchen den Schutz einer intakten Öffentlichkeit."

Lit. 20: Süddeutsche Zeitung, 25.04. 2022, p. 15 „Neue Regeln fürs Netz", Josef Kelnberger

Lit. 21: „Freihandel versus Protektionismus" (Bundeszentrale für politische Bildung) die folgenden informativen Beiträge:

Teil 1: „Geschichte und Grundlagen des Freihandels"
https://www.youtube.com/watch?v=LJE359JvsiU

Teil 2: „Globalisierung unter neuen Vorzeichen":
https://www.youtube.com/watch?v=4QQOfP-awNY

Siehe auch die folgenden kritischen Beiträge:

„Die großen Irrtümer der Globalisierung": ZDF-info am 07.05.2019
https://www.youtube.com/watch?v=VyTddhs3UdA

„Spiel ohne Grenzen: Die Lüge vom freien Handel" SWR 26.03.2018,
https://www.youtube.com/watch?v=1TTVGV8w5cU

Lit. 22: Michael Bauchmüller, Benedikt Müller-Arnold „So abhängig ist Deutschland: Russland ist der wichtigste Energielieferant. Aber es gibt alternative Quellen und Technologien" Süddeutsche Zeitung, 5./6. März 2022, p. 24.

Lit. 23: „ System Error"; NDR, 22. September 2021
https://www.ndr.de/fernsehen/programm/epg/System-Error-Wie-endet-der-Kapitalismus,sendung1150640.html Das Video ist nur als DVD und nicht in der Mediathek verfügbar. Dazu informativ ergänzend Lit. 49

Lit. 24: **B**undeszentrale für **p**olitische **B**ildung (BPB): Arbeits- und Menschenrechte in der Textilindustrie 12.09.2009, Berndt Hinzmann, Seite 2
https://www.bpb.de/internationales/weltweit/menschenrechte/38751/textilin dustrie siehe auch folgende Quellen zur gleichen Thematik:

Caspar Dohmen, „Auf Kosten der Arbeitskräfte" Süddeutsche Zeitung, 22.04.2021, p. 14

Lit. 25: „Das System Milch" Dokumentarfilm von Andreas Pichler, 2017; preisgekrönt 2018 als DVD; Bayrisches Fernsehen 21.07.2021,
https://www.br.de/mediathek/video/dokumentarfilm-das-system-milch-av:5d5d1ca61f3006001355182b
Das Video ist in der Mediathek nicht mehr verfügbar.

Lit. 26: Minister Müller stellt den entwicklungspolitischen Bericht vor (20.10.2021) *https://www.bmz.de/de/aktuelles/archiv-aktuelle-meldungen/minister-mueller-stellt-entwicklungspolitischen-bericht-vor-96806*

Lit. 27: Papst Franziskus: Apostolisches Schreiben „Evangelii gaudium" des Heiligen Vaters Papst Franziskus an die Bischöfe, an die Priester und Diakone, an die Personen geweihten Lebens und an die christgläubigen Laien über die Verkündigung des Evangeliums in der Welt von heute, 24. November 2013, zu lesen in Abschnitt EG 53: „Nein zu einer Wirtschaft der Ausschließung"

Lit. 28: Helmut Anheier, „Das Trilemma: Sind Wirtschaftswachstum, Globalisierung und liberale Demokratie vereinbar?" Süddeutsche Zeitung, 07.09.2021, p. 14 aus der Serie „55 Voices for Democracy"

Lit. 29: Herman E. Daly: „Economics in a Full World", Scientific American, September 2005, p. 100–107
https://steadystate.org/wp-content/uploads/Daly_SciAmerican_FullWorldEconomics(1).pdf

Lit. 30: „Wir sind dran. Was wir ändern müssen, wenn wir bleiben wollen." Club of Rome. Hochschule im Dialog, aufgezeichnet 27. Feb. 2019 HfWU Campus Innenstadt, 72622 Nürtingen; Vortrag von Prof. Dr. Ernst Ulrich von Weizsäcker (Club of Rome)
https://www.youtube.com/watch?v=VACFRO-xdfU
Und
„Die ‚volle Welt' braucht eine neue Aufklärung. Ein Plädoyer für eine nachhaltige Energieversorgung." aufgezeichnet am 14.03.2018 Hochschule Karlsruhe – Technik und Wirtschaft. Vortrag von Prof. Dr. Ernst Ulrich von Weizsäcker (Club of Rome)
https://www.youtube.com/watch?v=o9HK4ssW2m8

Lit. 31: Hoimar von Ditfurth „Querschnitt: Der Ast auf dem wir sitzen. Teil 1: „ Die Balance der Biosphäre", 1978. Wiederholt im ZDF am

12.11.2021: Video verfügbar bis 13.10.2026
https://www.zdf.de/dokumentation/dokumentation-sonstige/querschnitt-die-balance-der-biosphaere-100.html und

Hoimar von Ditfurth „Querschnitt: Der Ast auf dem wir sitzen". Teil 2: „Kippt das Klima-Gleichgewicht?" 1978. Wiederholt im ZDF 12.11.2021: Video verfügbar bis 13.10.2026
https://www.zdf.de/dokumentation/dokumentation-sonstige/querschnitt-kippt-das-klima-gleichgewicht-100.html

Lit. 32: „Klimawandel 2021 Naturwissenschaftliche Grundlagen Beitrag von Arbeitsgruppe I zum Sechsten Sachstandsbericht des Zwischenstaatlichen Ausschusses für Klimaänderungen (IPCC)", Feb. 2022
https://www.ipcc.ch/report/ar6/wg1/downloads/report/IPCC_AR6_WGI_SPM_final.pdf

Lit. 33: Benjamin von Brackel, Christoph von Eichhorn, Sören Müller-Hansen „Der Menschheit läuft die Zeit davon", Süddeutsche Zeitung 01.03.2022 p. 13

Lit. 34: „Guterres wirft Regierungen und Firmen Lügen beim Klimaschutz vor", Spiegel, 05.04.2022
https://www.spiegel.de/wissenschaft/mensch/ipcc-bericht-guterres-wirft-regierungen-und-firmen-luegen-beim-klimaschutz-vor-a-d0d2d654-281e-4670-a4ac-9576e9bb7075

Lit. 35: „Energiewende, jetzt!" Planet Wissen 11.02.2022 Verfügbar bis 11.02.2027:
https://www1.wdr.de/mediathek/video/sendungen/planet-wissen-swr/video-energiewende-jetzt-100.amp

Lit. 36: 3sat Wissen hoch 2 „Unter Hochspannung: Wie sicher sind unsere Stromnetze" am 31.03.22 20:16 verfügbar bis 31.03.2027: *https://www.3sat.de/wissen/wissenschaftsdoku/220331-sendung-wido-102.html*

Lit. 37: Benedikt Müller-Arnold „Mehr Wind, sparsame Häuser" Süddeutsche Zeitung 08/11/2021 p. 17.

Lit. 38: DVD: „Tomorrow – Die Welt ist voller Lösungen." Ein Film von Cyril Dion und Melanie Laurent, 2015, Pandora Film, DVD *https://programm.ard.de/TV/3sat/tomorrow----die-welt-ist-voller-l-sungen/eid_280072984508962*

Lit. 39: ARD-Sendung 10.01.2022: „Die Klimaretter – haben wir noch eine Chance?" *https://www.ardmediathek.de/video/dokus-im-ersten/klima-haben-wir-noch-eine-chance/das-erste/Y3JpZDovL2Rhc2Vyc3RlLmRlL2JlcG9ydGFnZSBfIGRva3va3VtZW50YXJpb24gaW50ZXJ2aWV3LWthbXBmLXVtcy1hY2tlcmxhbmQ5Z*

Lit. 40: Süddeutsche Zeitung 11.05.2022, p. 13; „Vorwärts in die Vergangenheit" von Christoph von Eichhorn

Lit. 41:
Boris Quatram und Marie von Mallinckrodt: „Kampf ums Ackerland" *https://www.youtube.com/watch?v=OOf5iN95WgQ* RBB und und „Kampf ums Ackerland"

https://www.ardmediathek.de/video/Y3JpZDovL25kci5kZS8wNGY5NzY5Yi 04YjNlLTQ5NDItODJkMS1lYjljZTA5YjcyZGM   NDR 21.03.2022 Video verfügbar bis 21.03.2023

Lit. 42a: Süddeutsche Zeitung, 16.05.2022, p. 4: „Hungerkrise – Fluch der Globalisierung" David Pfeifer

Lit. 42b: ARD plusminus 13.07.2022 „Zocker treiben Lebensmittelpreise" Video verfügbar bis 13.07.2023
https://www.ardmediathek.de/video/plusminus/zocker-treiben-lebensmittelpreise/das-erste/Y3JpZDovL2Rhc2Vyc3RlLmRlL3BsdXNtaW51cy9mNWExMDE2My1mNmU0LTQ5MzEtYmRhNS1jNGY3ODI4MGRiYjE

Lit. 43: Greenpeace: Wegwerfware Kleidung – Repräsentative Greenpeace-Umfrage zu Kaufverhalten, Tragedauer und der Entsorgung von Mode
https://www.greenpeace.de/sites/www.greenpeace.de/files/publications/20151 123_greenpeace_modekonsum_flyer.pdf

Lit. 44: „Das System Milch" Dokumentarfilm von Andreas Pichler, 2017; preisgekrönte DVD 2018;
https://www.br.de/mediathek/video/dokumentarfilm-das-system-milch-av:5d5d1ca61f3006001355182b   Bayrisches Fernsehen 21.07.2021, 22:45 90 min. Das Video ist der Mediathek nicht mehr verfügbar.

Lit. 45: Blackrock CEO Larry Fink „Klimarisiko ist Investmentrisiko":
https://www.businessart.at/blackrock-ceo-larry-fink-klimarisiko-ist-investmentrisiko-

Lit. 46: Hessischer Rundfunk, Gesko von Lüpke, „Die Schöpfung heilen" 20.08.2021 *https://www.hr2.de/podcasts/camino/die-schoepfung-heilen---von-der-nachhaltigkeit-zur-regeneration,podcast-episode-90610.html*

Lit. 47: „Auf den Spuren der Umweltmaffia": *https://www.zdf.de/politik/auslandsjournal/auslandsjournal-umweltmafia-100.html 03.11.21 zdf um 22:25 Video verfügbar bis 04.11.2022*

Lit. 48a: Klima schützen – Klimawandel CO_2-Ausstoß der Länder; *Quelle: https://data.europa.eu/doi/10.2760/074804 JRC SCIENCE FOR POLICY REPORT GHG emissions of all world countries, 2021, Report Crippa, M., Guizzardi, D., Solazzo, E., Muntean, M., Schaaf, E., Monforti-Ferrario, F., Banja, M., Olivier, J.G.J., Grassi, G., Rossi, S., Vignati, E.; p. 11, Fig. 4 (5,1%)*

Lit. 48b: *https://www.co2online.de/klima-schuetzen/klimawandel/co2-ausstoss-der-laender/*

Lit. 48c: Marlene Weiss, „Klima – Schön wäre es" Süddeutsche Zeitung 02.03.04.2022 p. 4

Lit. 49: „Oeconomia" Film von Carmen Losmann Deutschland 2020 *https://www.zdf.de/filme/dokumentarfilm-in-3sat/oeconomia-104.html* Video verfügbar bis 07.11.2026 auch als DVD

Lit. 50: Süddeutsche Zeitung 11.05.2022, p. 9: „Die netten Jahre sind vorbei" von Niels Minkmar

Lit. 51: Weltweiter Handel immer alles verfügbar trotz Pandemie und Klimakrise ARD-Alpha Planet Wissen 04.02.2022 Verfügbar bis 04.02.2027 WDR
https://www.planet-wissen.de/video-weltweiter-handel--immer-alles-verfuegbar-trotz-pandemie-und-klimakrise-100.html

Lit. 52: „Arm gegen arm – Verteilungskampf am unteren Rand" vom 23.09.2021 Video verfügbar bis 17.03.2024
https://www.zdf.de/dokumentation/zdfinfo-doku/arm-gegen-arm-verteilungskampf-am-unteren-rand-100.html

Lit 53: Gott spielen dank CRISPR?
https://www.zdf.de/dokumentation/terra-x/videos/lesch-und-co-gott-spielen-dank-crisps-teil-eins-100.html Video in der Mediathek bis 27.06.2027

Lit. 54: „Künstliche Intelligenz – Die Geister, die sie riefen" Helmut Martin-Jung, Süddeutsche Zeitung; 20.06.2022 p.15

Lit. 55: Larry Fink (Blackrock): Globalisierung Russland – Ukraine – Krieg
https://www.finews.ch/news/finanzplatz/50712-larry-fink-blackrock-globalisierung-russland-ukraine

Lit. 56: ARD 20.06.2022 „Die Recyclinglüge"
https://www.ardmediathek.de/video/dokus-im-ersten/dokumentarfilm-im-ersten-die-recyclingluege/das-erste/Y3JpZDovL2Rhc2Vyc3RlLmRlL3JlcG9ydGFnZSBfIGRva3VtZW50YXRpb24gaW0gZXJzdGVuL2YwMTFjNmY0LTc1MGUtNDc5Mi1iZDgyLWRkZDM4YTNhMWU4Yw
ZDM4YTNhMWU4Yw*

Lit. 57: „Russland und der Westen – Genug ist genug", Stefan Kornelius, Süddeutsche Zeitung 28.06.2022 p. 4

Lit. 58: Der Wandel zur Postwachstumsökonomie beginnt vor der Haustür" Vortrag von Prof. Niko Paech 16.02.2022, Universität Gießen, Plurale Ökonomik
https://www.youtube.com/watch?v=HND7ojWBOxw

Lit. 59: „Und es wird noch heißer" Süddeutsche Zeitung, 9./10. 07 2022, p. 11–13 Text: Christoph von Eichhorn, Collagen: Katharina Bitzl

Bildnachweis:

Zeitfracht Medien GmbH
Ferdinand-Jühlke-Straße 7
99095 Erfurt, Deutschland
produktsicherheit@kolibri360.de